講義される御法主日如上人猊下

御法主日如上人猊下御講義集

平成二十六年度　第十一回法華講夏期講習会

信行要文六

―目　次―

第四期　御講義テキスト一四ジペー七行目～一六ジペー八行目……171

第五期　御講義テキスト一六ジペー一〇行目～一八ジペー六行目……229

凡　例

一、本書は、御法主日如上人猊下による、平成二十六年度第十一回法華講夏期講習会における「信行要文」の御講義（『大日蓮』平成二十六年七〜十一月号に掲載）を収録したものである。

一、「信行要文」の御講義テキストは、法華講夏期講習会テキスト『折伏貫徹のために』に収録された御文のうち、実際に御講義されたものを掲載した。

一、本文中、テキスト掲載の文章はゴシック体で示した。

一、本文中に用いた文献の略称は次のとおり。

御　　書 ― 平成新編日蓮大聖人御書（大石寺版）
法　　華　経 ― 新編妙法蓮華経並開結（大石寺版）
御書文段 ― 日寛上人御書文段（大石寺版）
玄義会本 ― 訓読法華文句記会本（富士学林版）
文句会本 ― 訓読法華文句記会本（富士学林版）
止観会本 ― 訓読法華文句記会本（富士学林版）

御講義テキスト

1

法華初心成仏抄

「利根鈍根等《ひと》しく法雨を雨《ふ》らす」と説き、「一切の菩薩の阿耨多羅三藐三菩提《あのくたらさんみゃくさんぼだい》は皆此の経に属せり」と説くは何《いか》に。此等の文の心は、利根にてもあれ鈍根にてもあれ、持戒にてもあれ破戒にてもあれ、貴きもあれ賤《いや》しきもあれ、一切の菩薩・凡夫・二乗は法華経にて成仏得道なるべしと云ふ文なるをや。

（御書一三一一ジペー三行目）

2

法華初心成仏抄

仏になる法華経を耳にふれぬれば、是《これ》を種として必ず仏になるなり。されば天台・妙楽も此の心を以て、強《し》ひて法華経を説くべしとは釈し給へり。譬へば人の地に依りて倒れたる者の、返って地をおさへて起《た》つが如し。地獄には堕《お》つれども、疾《と》く浮かんで仏になるなり。当世の人何《なに》となくとも法華経に背く失《とが》に依りて、地獄に堕ちん事疑ひなき故に、とてもかくても法華経を強ひて説き聞かすべし。信ぜん人は仏になるべし、謗《ぼう》ぜん者は毒鼓《どっく》の縁となって仏になるべきなり。何《いか》にとしても仏の種は法華経より外《ほか》になきなり。

（御書一三一六㌻二行目）

3

法華初心成仏抄

女人には五障三従と云ふ事有るが故に罪深しと見えたり。五障とは、一には梵天王、二には帝釈《たいしゃく》、三には魔王、四には転輪聖王《てんりんじょうおう》、五には仏にならずと見えたり。又三従とは、女人は幼き時は親に従ひて心にまかせず、人となりては男に従ひて心にまかせず、年よりぬれば子に従ひて心にまかせず。加様《かよう》に幼き時より老耄《ろうもう》に至るまで三人に従ひて心にまかせず、思ふ事もいはず、見たき事をもみず、聴聞したき事もきかず、是《これ》を三従とは説くなり。されば栄啓期《えいけいき》が三楽《らく》を立てたるにも、女人の身と生まれざるを一の楽しみといへり。加様に内典外典にも嫌《きら》はれたる女人の身なれども、此の経を読まねどもかゝ《書》ねども身と口と意とにうけ持《たも》ちて、殊《こと》に口に南無妙法蓮華経と唱へ奉る女人は、在世の竜女・憍曇弥《きょうどんみ》・耶輸陀羅女《やしゅだらにょ》の如くにやすやすと仏になるべしと云ふ経文なり。

（御書一三一七ジペー一四行目）

4 法華初心成仏抄

凡《およ》そ妙法蓮華経とは、我等衆生の仏性《ぶっしょう》と梵王《ぼんのう》・帝釈《たいしゃく》等の仏性と舎利弗・目連等の仏性と文殊・弥勒等の仏性と、三世諸仏の解《さと》りの妙法と、一体不二なる理を妙法蓮華経と名づけたるなり。故に一度妙法蓮華経と唱ふれば、一切の仏・一切の法・一切の菩薩・一切の声聞・一切の梵王・帝釈・閻魔《えんま》法王・日月・衆星・天神・地神・乃至地獄・餓鬼・畜生・修羅・人天・一切衆生の心中の仏性を唯《ただ》一音に喚《よ》び顕はし奉る功徳無量無辺なり。（御書一三二〇ジペー一三行目）

5 法華初心成仏抄

我が己心《こしん》の妙法蓮華経を本尊とあがめ奉りて、我が己心中の仏性《ぶっしょう》、南無妙法蓮華経とよびよばれて顕はれ給ふ処《ところ》を仏とは云ふなり。譬へば篭《かご》の中の鳥なけば空とぶ鳥のよばれて集まるが如し。空とぶ鳥の集まれば篭の中の鳥も出《い》でんとするが如し。口に妙法をよび奉れば我が身の仏性もよばれて必ず顕はれ給ふ。梵王《ぼんのう》・帝釈《たいしゃく》の仏性はよばれて我等を守り給ふ。仏菩薩の仏性はよばれて悦《よろこ》び給ふ。（御書一三二〇ページ一六行目）

6 上野殿御返事

無量義経に云はく「四十余年未《いま》だ真実を顕はさず」と。法華経に云はく「世尊は法久しくして後要《のちかなら》ず当《まさ》に真実を説きたまふべし」と。多宝仏は「皆是《みなこれ》真実なり」とて、法華経にかぎりて即身成仏ありとさだめ給へり。爾前経にいかやうに成仏ありともとけ《説》、権宗《ごんしゅう》の人々無量にいひくるふ《言狂》とも、たゞほうろく《焙烙》千につち《槌》一つなるべし。「法華折伏破権門《ごんもん》理」とはこれなり。

（御書一三五九ページ一三行目）

7

上野殿御返事

とにかくに法華経に身をまかせ信ぜさせ給へ。殿一人にかぎるべからず。信心をすすめ給ひて、過去の父母等をすく《救》わせ給へ。日蓮生まれし時よりいまに一日片時《かたとき》もこころやすき事はなし。此の法華経の題目を弘めんと思ふばかりなり。相《あい》かまへて相かまへて、自他の生死《しょうじ》はしらねども、御臨終のきざみ、生死の中間に、日蓮かならずむか《迎》いにまいり候べし。（御書一三六一ページ四行目）

8

上野殿御返事

かつ《飢》へて食《じき》をねがひ、渇《かつ》して水をしたうがごとく、恋《こ》ひて人を見たきがごとく、病にくすりをたのむがごとく、みめ《形》かたち《容》よき人、べに《紅》しろいものをつく

るがごとく、法華経には信心をいたさせ給へ。さなくしては後悔あるべし云云。（御書一三六一ページ一二行目）

9

上野殿御返事

法華経は草木《そうもく》を仏となし給ふ。いわうや心あらん人をや。法華経は焼種《しょうしゅ》の二乗を仏となし給ふ。いわうや生種《しょうしゅ》の人をや。法華経は一闡提《いっせんだい》を仏となし給ふ。いわうや信ずるものをや。（御書一三八〇ページ一行目）

10

日女御前御返事

此の御本尊も只《ただ》信心の二字にをさまれり。以信得入とは是《これ》なり。日蓮が弟子檀那等「正直捨方便」「不受余経一偈」と無二《むに》に信ずる故によ《因》て、此の御本尊の宝塔の中へ入《い》るべきなり。たのもしたのもし。如何《いか》にも後生をたし《嗜》なみ給ふべし、たしなみ給ふべし。穴賢《あなかしこ》。南無妙法蓮華経とばかり唱へて仏になるべき事尤《もっと》も大切なり。信心の厚薄《こうはく》によるべきなり。仏法の根本は信を以て源とす。されば止観の四に云はく「仏法は海の如し、唯《ただ》信のみ能《よ》く入る」と。弘決《ぐけつ》の四に云はく「仏法は海の如し、唯信のみ能く入るとは、孔丘《こうきゅう》の言《ことば》尚《なお》信を首《はじめ》と為《な》す、況《いわ》んや仏法の深理《じんり》をや。信無くして寧《むし》ろ入らんや。故に華厳に信を道の元、功徳の母と為す」等。（御書一三八八㌻一三行目）

11 寂日房御書

昨日は人の上、今日は我が身の上なり。花さけばこのみ《菓》なり、よめ《嫁》のしうとめ《姑》になる事候ぞ。信心をこたら《怠》ずして南無妙法蓮華経と唱へ給ふべし。

（御書一三九四㌻一一行目）

12 四条金吾殿御返事

いかに日蓮いのり《祈》申すとも、不信ならば、ぬれ《濡》たるほくち《火口》に火をうち《打》かくる《掛》がごとくなるべし。はげみをなして強盛《ごうじょう》に信力《しんりき》をい《出》だし給ふべし。

（御書一四〇七㌻一四行目）

13　中興入道御消息

去《みまか》りぬる幼子《おさなご》のむすめ《娘》御前の十三年に、丈六《じょうろく》のそとば《卒塔婆》をたてゝ、其《そ》の面《おもて》に南無妙法蓮華経の七字を顕《あら》はしてをはしませば、北風吹けば南海のいろくづ《魚族》、其の風にあたりて大海の苦をはなれ《離》、東風《こち》きたれば西山の鳥鹿《ちょうろく》、其の風を身にふれ《触》て畜生道をまぬかれ《免》て都率《とそつ》の内院に生まれん。況《いわ》んやかのそとばに随喜をなし、手をふれ眼《まなこ》に見まいらせ候人類をや。過去の父母も彼のそとばの功徳によりて、天の日月の如く浄土をてらし《照》、孝養の人並びに妻子は現世には寿《いのち》を百二十年持ちて、後生には父母とともに霊山浄土にまいり給はん事、水すめ《澄》ば月うつり《映》、つゞみ《鼓》をうて《打》ばひゞき《響》のあるがごとしとをぼしめし候へ等云云。

（御書一四三四㌻五行目）

14 右衛門大夫殿御返事

当今《とうこん》は末法の始めの五百年に当たりて候。かゝる時刻に上行菩薩御出現あって、南無妙法蓮華経の五字を日本国の一切衆生にさづ《授》け給ふべきよし経文分明《ふんみょう》なり。又流罪死罪に行なはるべきよし明らかなり。日蓮は上行菩薩の御使ひにも似たり、此の法門を弘むる故に。神力品に云はく「日月《にちがつ》の光明《こうみょう》の能《よ》く諸《もろもろ》の幽冥《ゆうみょう》を除くが如く、斯《こ》の人世間に行じて能く衆生の闇《やみ》を滅す」等云云。此の経文に斯人《しにん》行世間の五《いつつ》の文字の中の人の文字をば誰とか思《おぼ》し食《め》す、上行菩薩の再誕の人なるべしと覚えたり。（御書一四三五ページ四行目）

15 秋元御書

種《しゅ》・熟《じゅく》・脱《だつ》の法門、法華経の肝心なり。三世十方の仏は必ず妙法蓮華経の五字を種として仏に成り給へり。（御書一四四七ページ一六行目）

16

新池御書

思《おぼ》し食《め》すべし、法華経をしれる僧を不思議の志にて一度《ひとたび》も供養しなば、悪道に行くべからず。何《いか》に況《いわ》んや、十度・二十度、乃至五年・十年・一期生《ごしょう》の間供養せる功徳をば、仏の智慧にても知りがたし。此の経の行者を一度供養する功徳は、釈迦仏を直ちに八十億劫が間、無量の宝を尽くして供養せる功徳に百千万億勝《すぐ》れたりと仏は説かせ給ひて候。（御書一四五六ページ一五行目）

17

新池御書

仏に成り候事は別の様《よう》は候はず、南無妙法蓮華経と他事《たじ》なく唱へ申して候へば、天然と三十二相八十種好を備《そな》ふるなり。如我等無異と申して釈尊程の仏にやすやすと成り候なり。譬へば鳥の卵《たまご》は始めは水なり、其《そ》の水の中より誰かなすともなけれども、觜《くちばし》よ目よと厳《かざ》り出《い》で来て虚空にかけるが如し。我等も無明の卵にしてあさましき身なれども、南無妙法蓮華経の唱への母にあたゝめられ

まいらせて、三十二相の蕾出でて八十種好の鎧《よろい》毛生《げお》ひそろひて実相真如の虚空にかけるべし。（御書一四六〇ジペー一二行目）

18　新池御書

有解《うげ》無信とて法門をば解《さと》りて信心なき者は更に成仏すべからず。有信無解とて解《げ》はなくとも信心あるものは成仏すべし。（御書一四六一ジペー一行目）

御法主日如上人猊下御講義

信行要文　第一期

平成二十六年五月十八日

御講義テキスト（八㌻一行目～一一㌻七行目）

皆さん、おはようございます。

平成二十六年度の法華講夏期講習会第一期に当たり、皆様方には深信《じんしん》の登山、まことに御苦労さまでございます。

明年の日興上人御生誕七百七十年の佳節までは、残り十カ月を切っております。すなわち、御生誕は三月八日でありますから、来年は実質的に一月と二月の二月《ふたつき》しかありません。そうしますと、もう五月でありますから十カ月を切っており、残り九カ月と半分ぐらいになるわけであります。

私達は今、すべての支部が必ず、御本尊様の前でお誓い申し上げました法華講員五〇％増の誓願を、なんとしてでも達成しなければならないなかで、一番肝心な時期に来ているのでありますから、一人ひとりの方が、真剣に折伏に取り組んでいっていただきたいと思う次第であります。

つきましては、今回は、既にお手元にお渡ししてありますテキストの『折伏貫徹のために』ということを含めて、話をしていきたいと思います。

最初に『法華初心成仏抄』であります。

1　法華初心成仏抄

「利根鈍根等《ひと》しく法雨を雨《ふ》らす」と説き、「一切の菩薩の阿耨多羅三藐三《あのくたらさんみゃくさん》菩提は皆此の経に属せり」と説くは何《いか》に。此等の文の心は、利根にてもあれ鈍根にてもあれ、持戒にてもあれ破戒にてもあれ、貴きもあれ賤《いや》しきもあれ、一切の菩薩・凡夫・二乗は法華経にて成仏得道なるべしと云ふ文なるをや。（御書一三一一ページ三行目）

まず、この『法華初心成仏抄』は弘安元（一二七八）年、大聖人様が御年《おんとし》五十七歳の時に認《したた》められた御書であります。

対告衆《たいごうしゅ》につきましては、岡宮《おかのみや》の妙法尼という説もありますが、定かではありません。

この『法華初心成仏抄』という題号は、その内容の上から、おそらくのちに付けられたものと考えられます。

題号のうち「法華」の二字は所依の経を示し、「初心成仏」の四字は信行者の果徳を顕しているのであります。

また「法華」の二字は、一往は法華経の意でありますが、再往は、本抄に、

「末法当時は久遠実成の釈迦仏・上行菩薩・無辺行菩薩等の弘めさせ給ふべき法華経二十八品の肝心たる南無妙法蓮華経の七字計《ばか》り此の国に弘まりて利生得益《りしょうとくやく》もあり、上行菩薩の御利生盛んなるべき時なり」

（御書一三一二ジペー）

と仰せでありますから、法華経の肝心たる南無妙法蓮華経のことを指しているのであります。

そして「初心」とは、初めて発心し、仏道を志すことを言いますが、末法初

心の行者が妙法によって成仏できることを明かされているところから、この題が付けられたものと思われます。

次に、本抄の内容について簡単に申し上げますと、本抄は『立正安国論』などと同じように、問答形式によって諸宗の正邪を論じ、南無妙法蓮華経が末法弘通の大法であることを明かし、末法初心の行者が成仏できることを述べられております。

最初に、諸宗のなかで法華宗のみが、仏が立てられた宗であるとされ、他宗は皆、仏滅後の人師や菩薩が立てた宗なるが故に、末代においては、その所依の経典と共に滅尽《めつじん》すべきであると断ぜられます。そして、法華経のみが仏の本意であり、成仏の法であることを述べられ、末法今時《こんじ》には法華経二十八品の肝心である南無妙法蓮華経のみが、成仏のための要法であると明かされているのであります。

次に、法華経が一切経の根本となる大白法であることを示し、よき師と、よき檀那と、よき法の三つが寄り合ってこそ、祈りがかない、人も国も救われることを明かされています。また、無智の人も妙法五字の功徳によって成仏できると明かされております。

最後に、成仏の原理を示され、篭《かご》の中の鳥の譬えに寄せて、南無妙法蓮華経と唱える者は己心の仏性を呼び覚ますことができると示され、我慢偏執《へんしゅう》の心なく、無疑曰信《わっしん》の信心をもって唱題に励むよう、勧められているのであります。

さて、本文に入りますと、**「『利根鈍根等《ひと》しく法雨を雨《ふ》らす』と説き、『一切の菩薩の阿耨多羅三藐三菩提《あのくたらさんみゃくさんぼだい》は皆此の経に属せり』と説くは何《いか》に」**とありますが、この御文は、法華経はただ二乗のためであって、菩薩のためではなく、菩薩は爾前経で得道したという説の誤りを破折しているなかの一文であります。

少し前文を拝しますと、法華経はただ二乗のためであって、菩薩のためではないという誤った説は、天台大師が出世する以前、中国に「南三北七」といって、江南すなわち長江の南に三師、河北すなわち長江の北に七師がいて、その十人の学者が立てた説である。しかるに天台大師は、それらの説をことごとく破折して、一代聖教のなかで法華経が第一であることを宣揚された。したがって、もし法華経には菩薩得道の義がないと言うならば、それは間違いである。

例えば、法華経の方便品第二には、

「菩薩是の法を聞いて　疑網皆已《すで》に除く」（法華経一二四㌻）

とあり、菩薩が法華経の説法を聞いて、様々な疑問がすべて解決し、仏の教えを領解《りょうげ》することができたと説かれているのであるから、法華経には菩薩の得益《とくやく》がないなどということは、けっして言えない。それでもなお、鈍根の菩薩は二乗と共に法華経で得益したが、利根の菩薩は爾前経によって得益したという誤った説を主張するならば、法華経薬草喩品第五の、

「利根鈍根に　等しく法雨を雨《ふ》らして云云」（同二二四㌻）

の文、同じく法師品第十の、

「一切の菩薩の阿耨多羅三藐三菩提は、皆此の経に属せり」（同三二八㌻）

の文は、どのように解釈すればいいのか、と大聖人様が反論されているのであります。

すなわち、初めの「利根鈍根に　等しく法雨を雨らして」という薬草喩品の御文は、妙法が等しく無量の功徳を及ぼす様を、雨が平等に大地の万物を潤《うるお》すことに譬えて、妙法の功徳は、利根の菩薩であれ、鈍根の菩薩であれ、すべての菩薩に等しく及ぼしているという意味であります。

また、次の「一切の菩薩の阿耨多羅三藐三菩提は、皆此の経に属せり」という薬草喩品の御文のうち、「阿耨多羅三藐三菩提」とは仏の悟りや智慧が無上・無比で、平等にして円満であることを言います。これを分解しますと、「阿耨多羅」は無上の意で、これより勝れるものがないこと、「三藐」は正等とか正遍の意で、清浄にして偏頗《へんぱ》のないこと、「三菩提」は正覚とか真道の意で、仏の完全な悟りを言います。結局、当文の意は、利根であれ、鈍根であれ、一切の菩薩の最高の悟りは、ただ法華経によるのであると仰せられているのであります。

ここで、利根とか鈍根という語が出ましたが、利根の菩薩とは、鋭利な五根を具えた菩薩のことで、例えば、文殊《もんじゅ》菩薩、普賢《ふげん》菩薩、弥勒《みろく》菩薩などがこれに当たります。対する鈍根の菩薩とは、才覚や機根の鈍い菩薩のことで、機根が未熟なために仏の説法を直ちに領解できない菩薩を言います。

そのような利根と鈍根という区別がありますが、ここで「一切の菩薩の阿耨多羅三藐三菩提は、皆此の経に属せり」と仰せのように、この法華経によって一切の菩薩が得益したことを示されているのであります。

次に**「此等の文の心は、利根にてもあれ鈍根にてもあれ、持戒にてもあれ破戒にてもあれ、貴きもあれ賤《いや》しきもあれ、一切の菩薩・凡夫・二乗は法華経にて成仏得道なるべしと云ふ文なるをや」**と仰せでありますが、これは先の二つの経文、すなわち薬草喩品と法師品の御文の意味について述べられているところであります。

つまり、先の二つの御文の意は、利根であれ鈍根であれ、あるいは持戒であれ破戒であれ、あるいはまた貴人であれ賎民であれ、すべての菩薩、すべての二乗、すべての人天等が法華経によって得道したことを示されたものであるとして、法華経は二乗のためだけに説かれたとの邪説を破折されているのであります。

皆さん方も聞かれたことがあると思いますが、法華経は「皆成仏道」とか「十界皆成」と言われるように、十界の衆生がことごとく成仏すると説かれております。したがって、それがたとえ悪人であれ、二乗であれ、女人であっても、妙法信受の功徳によって、すべてが成仏すると説かれているのです。

御存じのように、悪人成仏の代表が提婆達多です。また、女人成仏の代表が竜女であります。これらも皆、法華経によって成仏することが説かれているのでありまして、これが法華経に示される大きな功徳であります。

したがって『兄弟抄』には、

「夫《それ》法華経と申すは八万法蔵の肝心、十二部経の骨髄なり。三世の諸仏は此の経を師として正覚を成《じょう》じ、十方の仏陀《ぶっだ》は一乗を眼目《げんもく》として衆生を引導し給ふ。今現《げん》に経蔵に入って此《これ》を見るに、後漢の永平より唐の末に至るまで、渡れる所の一切経論に二本あり。所謂《いわゆる》旧訳《くやく》の経は五千四十八巻なり。新訳の経は七千三百九十九巻なり。彼《か》の一切経は皆各々分々に随って我《われ》第一なりとなの《名乗》れり。然《しか》るに法華経と彼の経々とを引き合はせて之《これ》を見るに勝劣天地なり、高下雲泥なり。彼の経々は衆星の如く、法華経は月の如し。彼の経々は灯炬《とうこ》星月の如く、法華経は大日輪の如し」

（御書九七七ページ）

と仰せであります。

この御文の最後に「彼の経々は衆星の如く、法華経は月の如し。彼の経々は灯炬《とうこ》星月の如く、法華経は大日輪の如し」とおっしゃっておりますが、灯炬の「灯」はともしび、「炬」はたいまつのことです。

例えば、釈尊の一代聖教においては、日輪が法華経に譬えられるのに対して、灯炬・星月は爾前権経に譬えられます。また、日蓮大聖人様の仏法を日輪に譬えるときは、灯炬・星月を釈尊の一代聖教に譬えるのであります。すなわち、一代諸経のなかにおいて法華経が他に比類なく、最も勝れていることの譬えとして、「彼の経々は衆星の如く、法華経は月の如し。彼の経々は灯炬星月の如く、法華経は大日輪の如し」と、このように比較して仰せられているのであります。

つまり、ここでおっしゃっている意味は、法華経がいかに勝れておるか、法華経によってあらゆる十界の衆生が成仏をせられるということを仰せられているのであります。

次も、同じく『法華初心成仏抄』の御文について申し上げます。

2　法華初心成仏抄

仏になる法華経を耳にふれぬれば、是《これ》を種として必ず仏になるなり。されば天台・妙楽も此の心を以て、強《し》ひて法華経を説くべしとは釈し給へり。譬へば人の地に依りて倒れたる者の、返って地をおさへて起《た》つが如し。地獄には堕《お》つれども、疾《と》く浮かんで仏になるなり。当世の人何《なに》となくとも法華経に背く失《とが》に依りて、地獄に堕ちん事疑ひなき故に、とてもかくても法華経を強ひて説き聞かすべし。信ぜん人は仏になるべし、謗《ぼう》ぜん者は毒鼓《どっく》の縁となって仏になるべきなり。何《いか》にとしても仏の種は法華経より外《ほか》になきなり。（御書一三一六ジペー二行目）

この御文の前のところを拝しますと、声聞・縁覚の二乗について述べられて

おりまして、声聞・縁覚の二乗は三界六道から離れるという、

「悪道におちざる程の利益」（御書一三一六㌻）

はあったとしても、灰身滅智《けしんめっち》を究極の理想として仏種をも断じてしまう故に、成仏できないとされています。

この灰身滅智とは、小乗教における二乗の最高の果徳にして、理想の境地とされるものでありますが、三界六道のあらゆる煩悩を断じ、無余涅槃の悟りに入って再び三界に生じないために、一切の苦・煩悩が生ずる拠り所である自分自身の色身をも焼き尽くし、心智すなわち、心の本体とその作用さえも滅失してしまう、つまり色心の両面を滅してしまうということであります。

したがって、天台大師は『法華玄義』に、

「二乗根敗、反復すること能《あた》わず」（玄義会本下九九㌻）

と仰せられ、二乗は仏と成るべき仏種をも断じてしまう故に、再び生ずることができず、成仏できないと仰せられているのであります。

つまり二乗は、灰身滅智によって色心の両面を滅してしまうことになりますので、衆生に本来、内在している成仏の種子、仏種までも焼き尽くすことになり、その結果「焼種の二乗」と言われます。つまり、種を焼いてしまえば、その種からは絶対に芽が出ないように、二乗は絶対に仏に成れないということです。あるいは「敗種の二乗」とも言われ、二乗不成仏と嫌われて、永久に成仏ができないとされてきたのであります。

また、二乗が嫌われた理由は、もう一つありまして、二乗は現世に対する執着を断《た》った聖者ではありますが、現実逃避的あるいは自己中心的であり、自己の得脱だけを願って、利他の行すなわち多くの人を救済しようという大乗の精神に欠けております。したがって、大乗から「小乗」と名指しで非難された二乗の人達は、大願も大慈大悲もなく、また一切の功徳を求めようとせず、ただ自分自身の生老病死の苦しみから脱することのみを求めるため、利己的であるとして嫌われ、二乗は永久に仏に成れないと言われてきたのであります。

ですから、釈尊は、

「設《たと》ひ犬野干《やかん》の心をば発《お》こすとも、二乗の心をもつべからず、五逆十悪を作りて地獄には堕つとも、二乗の心をばもつべからず」

（御書一三一五ページ）

と仰せられております。つまり、たとえ犬や野干、すなわち狐のような畜生の心を起こすことがあっても、二乗の心だけは持ってはならない。また、たとえ五逆罪や十悪を作って地獄に堕ちようとも、二乗の心を持ってはならないと、厳しく禁じられているのであります。

ですから、二乗には「悪道におちざる程の利益」すなわち、小さな利益はありますけれども、それは釈尊の本意とするところではなく、たとえ地獄に堕ちたとしても、**「仏になる法華経を耳にふれぬれば、是《これ》を種として必ず仏になるなり」**と仰せられ、仏に成る法華経を耳に触れるならば、それが種となって成仏の実を結ぶのであるから、たとえ「地獄には堕つとも、二乗の心をばもつべからず」と、厳しく仰せられているのであります。

もちろん、この二乗も、最終的には法華経に来て、成仏が許されるわけであります。つまり「二乗作仏」と「久遠実成」ということは、法華経に来て初めて明かされた、大事な御法門であります。

もっとも、利己的で自己中心的な考えを言う「二乗根性」は、本来の信仰の在り方からすれば、おかしいと思います。自分だけのために、いくらお題目を唱えても、だめですよ。

「末法に入って今日蓮が唱ふる所の題目は前代に異なり、自行化他に亘りて南無妙法蓮華経なり」（同一五九四㌻）

ですから、やはり折伏をしなければ本物ではありません。

だから、時々「私は一生懸命、信心をしているのだけれども、なかなか功徳がない」と言う人がいますけれども、では、どういう信心をしているのか。それが自分のためだけの信心であるならば、それは二乗根性に等しい信心ですから、そこには本当の功徳はありません。広宣流布というのは化他行ですから、広宣流布を忘れた信心であるならば、いくら行っても意味はありません。そこに我々が毎日毎日、折伏を行じていく尊い理由があるのであります。

さて、次に**「されば天台・妙楽も此の心を以て、強《し》ひて法華経を説くべしとは釈し給へり。譬へば人の地に依りて倒れたる者の、返って地をおさへて起《た》つが如し。地獄には堕《お》つれども、疾《と》く浮かんで仏になるなり」**と仰せられ、法華経こそ最勝の教えである故に、天台大師も妙楽大師も「強ひて法華経を説くべし」と釈せられていると仰せになっているのであります。

すなわち、天台大師は『法華文句』に、

「本已《もとすで》に善有り、釈迦は小を以て之《これ》を将護したもう。本未《いま》だ善有らざれば、不軽《ふきょう》は大を以て強《し》いて之を毒す云云」（文句会本下四五二ページ）

と述べられております。つまり、末法本未有善の衆生に対しては「而強毒之《にごうどくし》」

すなわち「而《しか》して強いて之を毒す」と読みますが、これは正法を信じない衆生に対して、強いて法華経を説いて仏縁を結ばせることで、折伏と同義でありま す。そのように、本未有善の末法の衆生に対しては而強毒之して、不軽菩薩の行化の如く、強いて法を説いて逆縁を結び、もってそれらの衆生を救うべきであると仰せになっているのであります。

つまり、末法本未有善の衆生は福徳が薄く、自ら妙法を求めることは、ほとんどありません。もちろん、皆さん方のなかには自ら求めて大聖人様の仏法に帰依した方がいるかも知れませんが、ほとんどの人はそうではないと思います。それは本未有善だからですが、だからこそ、そういう人達をどのようにして折伏するかが問題です。そこで、敢《あ》えて三毒の心を起こさせて「毒鼓の縁」を結ばせ、妙法を受持せしめて、仏道を成就させるべきである、と仰せられているのであります。

この毒鼓の縁というのは、謗法の衆生に強いて法華経を説き聞かせることは法華経に縁することになり、たとえ法華経を謗《そし》ったとしても、それが成仏の因となることを言い、これを逆縁とも言います。

毒鼓とは毒薬を塗った太鼓のことで、涅槃経のなかに「毒を塗った太鼓を大衆のなかで打つと、聞こうとする意志がなくても、この太鼓の音を聞いたならば皆、死んでしまう」という趣旨の文があるのです。このことから、たとえ法を聞こうとせず、反対しても、強いて説き聞かせることにより、やがて煩悩を断じて得道できるということを、その毒鼓を打つことに譬えているのであります。

つまり、一切衆生には皆、仏性《ぶっしょう》が具わっており、正法を聞いて発心し、そして修行することによって成仏得道することができるのでありますから、末法今時《こんじ》では、順縁の衆生はもとより、逆縁の衆生であっても、三大秘法の南無妙法蓮華経を聞かせて正法と縁を結ばせることにより、将来、必ず救済することができるというのであります。

このことは折伏を実践する上において、極めて大切なことであります。

さて、この『法華文句』は天台大師の著作でありますが、これについて妙楽大師が解釈をされた『法華文句記』という文献があります。そのなかに、

「問う、若《も》し謗《ぼう》ずるに因《よ》って苦に堕《だ》せば、菩薩何が故の為に苦の因と作《な》す。答う、其《そ》れ善因無ければ謗ぜざるも亦《また》堕す。謗ずるに因って悪に堕すれば必ず由《よ》って益《やく》を得《う》。人の地に倒れて還《かえ》って地に従《よ》って起《た》つが如し。故に正謗を以て邪堕を接す」（同四五五ページ）

と仰せであります。これは、妙楽大師が『法華文句記』において法華経の不軽菩薩品を釈するなかで、逆縁の功徳を説かれた文であります。すなわち、初めに問いとして、

「菩薩が大乗の法を説くのに対し、これを聞かずに誹《そし》る者があると、その罪によって苦しみを受け、三悪道に堕ちると定められているが、では何故、一切衆生を地獄や餓鬼道に堕とすような法を、わざわざ菩薩が説くの

であるか」

という質問を述べられます。この質問に対する答えとして、

「法華経の力は偉大なるが故に、強いてこれを説き聞かせるならば、たとえその人が誹謗正法の罪によって悪道に堕ちたとしても、必ず逆縁によって正法に入る功徳を受けることができるのである。

なぜなら、末代幼稚の邪智謗法の衆生は、常に悪業の因縁を作っている。したがって、妙法を聞いても、聞かなくても、三悪道に堕ち、六道を輪廻して苦しんでいるのである。

そうであるならば、強いて法華経を説き聞かせ、もし、それを信ずれば、そのまま大きな功徳を頂戴することになる。逆に、仮りに誹謗したとしても、いったんは三悪道に堕ちて大苦悩を受けるが、妙法の最勝の教えに縁したことによって、のちに必ず正法信受の大功徳を受けることができるのである。

それはあたかも、地面につまずいて倒れた者が、再び地面に手をついて立ち上がるようなものであって、こうして正法を誹謗させることにより、邪見・堕悪道の衆生を救うのである」

と仰せになっているのであります。

前にも話したことがありますが、大聖人様は『上野殿御返事』に、

「天竺《てんじく》に嫉妬《しっと》の女人あり。男をにくむ故に、家内の物をことごとく打ちやぶり、其《そ》の上にあまりの腹立《はらだち》にや、すがた《姿》けしき《気色》かわり、眼《まなこ》は日月の光のごとくかがやき、くちは炎をはくがごとし。すがたは青鬼・赤鬼のごとくにて、年来《としごろ》男のよみ奉る法華経の第五の巻をとり、両の足にてさむざむ《散散》にふみける。其の後命つきて地獄にをつ《堕》。両の足ばかり地獄にいら《入》ず。獄卒鉄杖《てつじょう》をもってうてどもいらず。是《これ》は法華経をふみし逆縁の功徳による」

（御書一三五八ページ）

と仰せられています。

すなわち、インドに非常に嫉妬深い女人がいて、夫を疑い憎むあまり、ことごとに当たり散らし、家の物を壊すなど荒れ狂い、あまりの腹立たしさに、怒りを露《あら》わにして、眼は日月の光のように異様に輝き、口は炎を吐くが如く、その姿はまるで青鬼・赤鬼のようで、その上、亭主が毎日読んでいた法華経の第五の巻を両足で散々に踏みつけたのであります。その後、当然の如く女人は地獄に堕ちましたが、獄卒が杖をもって打てども、どうしても両足だけが地獄に堕ちなかった、という話であります。

これは「法華経をふみし逆縁の功徳による」と仰せのように、両足で法華経を踏みつけたことが逆縁となって、地獄に堕ちなかったという話であります。つまり、成仏得道のためには、たとえ逆縁であっても法華経に縁することが、いかに大事であるかを教えているのであります。

私達の折伏においても、素直に話を聞く人はおりません。本当にまれに、そういう方がいらっしゃるかも知れませんが、多くの方は、まず最初は反対ですね。しかし、それでいいのです。それでも、この法を説いていくことが大事であります。それが逆縁となって、ただいまの上野殿への御書のなかで大聖人様がお示しのように、必ず成仏していくのです。

毒鼓の縁というのも、逆縁の成仏です。ですから、法は、どんな人にも説かなければだめなのです。なかには「あの人には言ってもだめだから、折伏しても無駄だ」と勝手に決めつける人がありますが、それではいけません。だれにでも言わなければ、だめなのです。

私は先年、台湾に行った時に、総統府を見学してきました。その時、局長とお話をすることになり、お話が終わって別の方と話していると、台湾の婦人部の方が局長と話をしていたのです。私がそばにいた人に、あの方は何を話しているのですかと聞いたならば、今、懸命に折伏をしているというのです。本当に、チャンスがあればどこでも、大聖人様の仏法は正しいということを語り、一緒に信心しませんかと話しているのです。

私は、それを聞いた時に、台湾の方々の信仰のパワーというものは、本当にすごいなと思いました。時や場所を選ばないのです。チャンスとあらば、どんな時でも、相手を折伏しているのです。

ですから、たとえ相手が反対しても、それが縁となって成仏へ導くことになるのでありますから、逆縁成仏の功徳を信じて、我々は声を大にして、折伏をしていかなければならないのであります。

さて、次に**「当世の人何《なに》となくとも法華経に背く失《とが》に依りて、地獄に堕ちん事疑ひなき故に、とてもかくても法華経を強ひて説き聞かすべし。信ぜん人は仏になるべし、謗《ぼう》ぜん者は毒鼓《どっく》の縁となって仏になるべきなり。何《いか》にとしても仏の種は法華経より外《ほか》になきなり」**と仰せであります。

今、申し上げました通り、末法当今の本未有善の衆生は、直接、法華経を誹謗していなくても、法華経を誹謗している邪義邪宗を信じて、知ると知らざるとにかかわりなく、法華経誹謗の罪を犯していることになり、地獄に堕ちることは疑いないのでありますから、とにかく法華経を強いて説くべきである。なぜなら、法華経を聞いて信ずる者は直ちに仏と成り、たとえ誹謗する者でも毒鼓の縁となって仏に成るからである、と仰せになっております。

大聖人様は『十法界明因果抄』に、

「慳貪《けんどん》等無き諸《もろもろ》の善人も謗法に依り亦《また》謗法の人に親近《しんごん》し自然《じねん》に其の義を信ずるに依って餓鬼道に堕《だ》することは、智者に非《あら》ざれば之《これ》を知らず。能《よ》く能く恐るべきか」（同二〇八ページ）

と仰せになっています。つまり、謗法の人に親近し、いつの間にか影響を受けて謗法に与同してしまうことが間々《まま》ありますが、それを避けるためには、ともかくにも法華経を強いて聞かせることが肝要だということであります。なぜならば、信ずる人は仏に成り、謗ずる者も毒鼓の縁となって成仏するからであります。

ですから、順縁も逆縁も、信謗共に成仏の種子は法華経よりほかにない、南無妙法蓮華経よりほかにはないということを知って、折伏に打って出なければなりません。

もちろん、この『法華初心成仏抄』に「法華経」とおっしゃっているのは、法華経の肝心たる寿量品文底秘沈の南無妙法蓮華経のことであります。

故に、大聖人様は『観心本尊抄』に、

「釈尊の因行果徳の二法は妙法蓮華経の五字に具足す。我等此の五字を受持すれば自然に彼の因果の功徳を譲り与へたまふ」（同六五三ページ）

と仰せられ、また『聖愚問答抄』には、

「此の妙法蓮華経を信仰し奉る一行に、功徳として来たらざる事なく、善根として動かざる事なし」（同四〇八ページ）

と仰せになっております。

私達は、まず折伏する時の心得として、相手が誹謗しようが、しまいが、「この妙法蓮華経はすばらしい教えです。この教えを信仰すれば、必ず成仏をするのですよ」ということを、勇気を持って言うことが大事なのです。それを言わないと、下種になりません。下種をして、たとえその時に反対されても、耳をふさがれても、それが必ず縁になります。その確信があれば、どんな人にでも折伏ができるのであります。

それを躊躇《ちゅうちょ》して、自分勝手に「あの人に話をしても、だめなんじゃないかな」などと考える。それは、自分自身が勝手に、そのように考えるだけで、それではいけません。「この人を幸せにしよう」という気持ちがあると、自然に、どんな人にでも、この妙法の功徳を説くことができるのです。

このことを是非、忘れないで、これからも折伏に精進していただきたいと思います。

次に、三番目も同じく『法華初心成仏抄』であります。

３　法華初心成仏抄

女人には五障三従と云ふ事有るが故に罪深しと見えたり。五障とは、一には梵天王、二には帝釈《たいしゃく》、三には魔王、四には転輪聖王《てんりんじょうおう》、五には仏にならずと見えたり。又三従とは、女人は幼き時は親に従ひて心にまかせず、人となりては男に従ひて心にまかせず、年よりぬれば子に従ひて心にまかせず。加様《かよう》に幼き時より老耄《ろうもう》に至るまで三人に従ひて心にまかせず、思ふ事もいはず、見たき事をもみず、聴聞したき事もきかず、是《これ》を三従とは説くなり。されば栄啓期《えいけいき》が三楽《らく》を立てたるにも、女人の身と生まれざるを一の楽しみといへり。加様に内典外典にも嫌《きら》はれたる女人の身なれども、此の経を読まねどもかゝ《書》ねども身と口と意とにうけ持《たも》ちて、殊《こと》に口に南無妙法蓮華経と唱へ奉る女人は、在世の竜女・憍曇弥《きょうどんみ》・耶輸陀羅女《やしゅだらにょ》の如くにやすやすと仏になるべしと云ふ経文なり。（御書一三一七ページ一四行目）

この御文は、法華経こそ女人成仏の要法であることを明かされたものであります。

初めに**「女人には五障三従と云ふ事有るが故に罪深しと見えたり。五障とは、一には梵天王、二には帝釈《たいしゃく》、三には魔王、四には転輪聖王《てんりんじょうおう》、五には仏にならずと見えたり。又三従とは、女人は幼き時は親に従ひて心にまかせず、人となりては男に従ひて心にまかせず、年よりぬれば子に従ひて心にまかせず。加様《かよう》に幼き時より老耄《ろうもう》に至るまで三人に従ひて心にまかせず、思ふ事もいはず、見たき事をもみず、聴聞したき事もきかず、是《これ》を三従とは説くなり」**とありますが、ここでは女人の罪業が深い例として「五障三従」を挙げておられます。

「五障」とは、女人には、梵天王・帝釈・魔王・転輪聖王・仏になれないという五つの障《さわ》りがあることを言います。また「三従」とは、ここに「幼き時は親に従ひて心にまかせず」「人となりては男に従ひて心にまかせず」「年よりぬれば子に従ひて心にまかせず」と仰せのように、女人は幼い時より老年に至るまで「思ふ事もいはず、見たき事をもみず、聴聞したき事もきかず」という、拘束された不自由な生涯を送っていることを言うのであります。

今は違いますね。人によっては逆転しています。ただ、当時はこうだったということです。

そもそも爾前経では、女人はたいへん罪深い身であるとされておりまして、成仏は全く許されず、しかも種々の悪業を作るとされていたのであります。このことを当抄には、

「華厳経には『女人は地獄の使ひなり能《よ》く仏の種子を断ず外面《げめん》は菩薩に似て内心は夜叉《やしゃ》の如し』と云へり。銀色女経《ごんじきにょ》には『三世の諸仏の眼は抜けて大地に落つるとも、法界の女人は永く仏になるべからず』と見えたり。又経に云はく『女人は大鬼神なり、能く一切の人を喰《く》らふ』と。竜樹菩薩の大論には『一度女人を見れば永く地獄の業《ごう》を結ぶ』と見えたり」

（御書一三一七㌻）

と仰せられ、華厳経や銀色女経などの文を挙げられて、女人が罪障深き者であることを示されております。これらの文によれば、「地獄の使ひ」「内心は夜叉」「永《よう》不成仏」「大鬼神」等と言われ、成仏できないばかりか、種々の悪業を積んでいくのが女人であるということで、本当に嫌われているのでありま す。

ただし、ここで大事なことは、このように嫌われている女人であっても、法華経によって必ず救われる、女人成仏は妙法蓮華経による以外には絶対にかなえられないということを、大聖人様はおっしゃっているのであります。ここに引かれているのは爾前経等ですから、その通りに受け取る必要はありません。

法華経は「十界皆成」とか「悉皆《しっかい》成仏」と言われるように、たとえ地獄の衆生であっても成仏するのでありまして、この力は妙法にしか具わっていないのであります。したがって、我々が南無妙法蓮華経と唱えていくならば、いかなる困難や悩みも解決していくことができるのでありますから、常にお題目を唱えて、あらゆる問題を乗りきっていくことが大事であります。

次に**「されば栄啓期《えいけいき》が三楽《らく》を立てたるにも、女人の身と生まれざるを一の楽しみといへり」**とあります。この「栄啓期が三楽」とは『列子』の天瑞編に出てくる話であります。

すなわち、孔子が泰山に旅をした時のことでありますが、鹿の皮の着物を着て、縄の帯を締め、琴をかき鳴らしながら、広野《こうや》のなかでいかにも楽しげに歌っている栄啓期を見かけた孔子は「あなたは、何がそんなに楽しいのですか」と尋ねたのです。それに対して栄啓期が、

「私の楽しみは、とてもたくさんあるけれども、天が生んだ万物のなかで、人間そのものが最も貴い。私はその人間に生まれることができた、これが第一の楽しみである。

また、人間には男女の別があり、男尊女卑の習わしで男が尊いとされる

が、私はその男に生まれることができた、これが二番目の楽しみである。さらに、人間のなかにはお天道《てんとう》様も拝まずに、赤ん坊のうちに死んでしまう者がいるにもかかわらず、私は既に九十歳になった、これが三番目の楽しみである。

貧乏は男の定め、死は人生の終わり。定めに安《やす》んじ、終わりを全うできるなら、何をくよくよと思い悩むことがあろうか」

と答えたことに由来している話であります。

これはまだ、男尊女卑の思想があった時代の話でありますが、三楽のなかに、男に生まれたことが一つの楽しみだと言っているわけです。つまり、この前の引文に、女の方は成仏しないと書かれておりますので、それと対比する形で、この栄啓期の楽しみについて述べられているのであります。

したがって、次に**「加様《かよう》に内典外典にも嫌《きら》はれたる女人の身なれども、此の経を読まねどもかゝ《書》ねども身と口と意とにうけ持《たも》ちて、殊《こと》に口に南無妙法蓮華**

経と唱へ奉る女人は、在世の竜女・憍曇弥《きょうどんみ》・耶輸陀羅女《やしゅだらにょ》の如くにやすやすと仏になるべしと云ふ経文なり」とおっしゃっております。

つまり、内典にも外典にも不成仏と嫌われた女人の身であったとしても、また、その女人が法華経を読まなくても、あるいは法華経を書写しなくても、身口意の三業にわたって妙法蓮華経を受持し、ことに口に南無妙法蓮華経と唱える女人は、釈尊在世時代の竜女、あるいは憍曇弥、あるいは耶輸陀羅女のように、やすやすと仏に成ることができるのである、とおっしゃっているのであります。

「竜女」というのは、皆さんも御承知の通り、蛇身の畜生でありまして、法華経の提婆達多品には、文殊師利菩薩の説法を聞いて即座に菩提心を発《おこ》し、霊鷲山《りょうじゅせん》の会座《えざ》に列して仏様に宝珠を奉り、成仏の相を現じたことが説かれております。つまり、爾前経では全く許されなかった女人の成仏がこれによって初めて明かされ、さらに歴劫修行をすることなしに速やかに得道する、いわゆる即身成仏義が示されたのであります。これもひとえに、妙法蓮華経の力によるところであります。

また「憍曇弥」は摩訶波闍波提《まかはじゃはだい》とも称しますが、釈尊の母である摩耶《まや》夫人の妹で、摩耶夫人が釈尊を産んで七日後に亡くなったため、夫人に代わって浄飯《じょうぼん》王の妃《きさき》となり、釈尊を養い育てた方であります。この方は浄飯王の死後、出家を志し、三度《みたび》、釈尊に請うて出家を許され、最初の比丘尼となりました。そして、法華経の勧持品第十三において、一切衆生喜見如来の記別、すなわち未来成仏の保証を受けたのであります。

そして「耶輸陀羅女」は釈尊の妃で、悉達《しった》太子が出家成道して十二年目に迦毘羅衛《かびらえ》国に帰った時、化導されて比丘尼となりました。そして、憍曇弥と同じく勧持品において、女人成仏の証《あか》しとして具足千万光相如来の記別を受けております。

特に、竜女の成仏につきましては、『開目抄』に、

「竜女が成仏、此《これ》一人にはあらず、一切の女人の成仏をあらわす。法華経已前の諸《もろもろ》の小乗経には、女人の成仏をゆるさず。諸の大乗経には、成仏往生をゆるすやうなれども、或は改転の成仏にして、一念三千の成仏にあらざれば、有名無実の成仏往生なり。挙《こ》一例諸と申して、竜女が成仏は、末代の女人の成仏往生の道をふみあけたるなるべし」（御書五六三ジペー）

と仰せになっております。

このなかの「改転の成仏」というのは、女人が女身を改めて、男子となって成仏することを言います。あるいは悪人が善人となって成仏することを言いますが、法華経は違います。即身成仏といって、女人は女人のまま、その身そのままで成仏するところに、法華経の功徳の大きな所以《ゆえん》が存するのであります。

また「一念三千の成仏にあらざれば」云々とありますが、この「一念三千の成仏」とは、同じく『開目抄』に、

「一念三千は十界互具よりことはじまれり」（同五二六ジペー）

と仰せのように、爾前経におきましては十界に差別があり、声聞・縁覚の二乗は永《よう》不成仏と嫌《きら》われ、また女人も悪人も不成仏と言われておりました。しかし、法華経に来たって十界互具一念三千が説かれ、舎利弗などの二乗、地獄界の提婆達多、畜生界で女人でもある竜女の成仏が示されて、十界すべての成仏が明かされました。これを「一念三千の成仏」と言われているのであります。

すなわち、法華経以前の諸経には竜女の成仏を許さず、法華経に来て初めて竜女の成仏が明かされましたけれども、これは「挙一例諸」と言って、竜女の即身成仏の現証を挙げて、一切の女人の成仏の例証としているのであります。

この『法華初心成仏抄』のなかに「加様《かよう》に内典外典にも嫌はれたる女人の身なれども、此の経を読まねどもかゝ《書》ねども身と口と意とにうけ持ちて、殊《こと》に口に南無妙法蓮華経と唱へ奉る女人」云々とあり、法華経を読まない、あるいは書かないけれども、身口意の三業に受持する、特に口に南無妙法蓮華経を唱える、ということが示されています。

これは、法華経の法師品第十のなかに「五種法師」ということが説かれており、そのなかで「受持正行」ということが説かれているのです。つまり、法華経の修行は、受持・読・誦・解説《げせつ》・書写という五つがあります。受持とは妙法を受け持つこと、読とはお経本を見てお経を読むこと、誦とはお経本を見ないでお経を諳《そら》んずること、解説とは法を説くこと、書写とはお経を書き写すことで、これらの五種の修行内容があるわけです。

しかし、大聖人様の仏法におきましては、『日女御前御返事』のなかに、

「法華経を受け持ちて南無妙法蓮華経と唱ふる、即ち五種の修行を具足するなり」（同一三八九㌻）

と仰せのように、五種の修行はすべて、受持の一行のなかに入ってしまうのです。天台大師のお言葉に、

「信力の故に受け念力の故に持つ」（同七七五㌻）

と示されるように、信念力をもって御本尊様を受持していく一行に、五種行の

功徳はすべて収まってしまうのです。

専門語のなかに「別体の受持」と「総体の受持」ということがありまして、受持の一行のなかに五種行の功徳がすべて収まるから、これを総体の受持と言うのです。それに対して別体の受持は、受持・読・誦・解説・書写という五つの修行を一つずつ行うことですが、末法においては総体の受持、すなわち、この御本尊様を受け持つところに、他の四つの修行の功徳が収まると説かれるのでありまして、このことを「受持正行」と言うのであります。

つまり、南無妙法蓮華経をしっかりと受持する、信念力をもって妙法を受持するところに、他の四つの行の功徳も収まってくるのであります。

それでは、四番目の御文を拝読いたします。

4　法華初心成仏抄

凡《およ》そ妙法蓮華経とは、我等衆生の仏性《ぶっしょう》と梵王《ぼんのう》・帝釈《たいしゃく》等の仏性と舎利弗・目連等の仏性と文殊・弥勒等の仏性と、三世諸仏の解《さと》りの妙法と、一体不二なる理を妙法蓮華経と名づけたるなり。故に一度妙法蓮華経と唱ふれば、一切の仏・一切の法・一切の菩薩・一切の声聞・一切の梵王・帝釈・閻魔《えんま》法王・日月・衆星・天神・地神・乃至地獄・餓鬼・畜生・修羅・人天・一切衆生の心中の仏性を唯《ただ》一音に喚《よ》び顕はし奉る功徳無量無辺なり。

（御書一三二〇ジペー一三行目）

初めに「**凡《およ》そ妙法蓮華経とは、我等衆生の仏性《ぶっしょう》と梵王《ぼんのう》・帝釈《たいしゃく》等の仏性と舎利弗・目連等の仏性と文殊・弥勒等の仏性と、三世諸仏の解《さと》りの妙法と、一体不二なる理を妙法蓮華経と名づけたるなり**」と仰せでありますが、つまり妙法蓮華経とは、我ら衆生と、人・天・二乗・菩薩などのあらゆる境界の衆生が本来的に具えている仏性と、三世の諸仏が悟られた妙法と一体不二であるという道理を、妙法蓮華経と名づけたのであるとの仰せであります。

そもそも、妙法蓮華経の五字についてては、たくさんの解釈がありますけれども、例えば『四信五品抄』には、

「妙法蓮華経の五字は経文に非《あら》ず、其の義に非ず、唯《ただ》一部の意《い》ならくのみ」（御書一一一四ジペー）

と、妙法蓮華経の五字とは、法華経の文でもなく、義でもなく、一部の意であるとおっしゃっているのであります。

その「文」とは、一部八巻二十八品の能詮《のうせん》の文字です。能詮とは、真理を説き明かす教法のことでありまして、所詮に対する語であり、経文などの文句を能詮と言い、そこに説かれている内容・法義を所詮と言うのであります。また「義」とは、法華経の本門と迹門の文、すなわち能詮の文字によって説き出される意義、いわゆる一念三千などの法義・義理を言い、その「意」とは、文と義によって顕される趣旨、すなわち根本・肝要・元意を言いまして、文底下種

の妙法をもって「一部の意」すなわち、法華経の元意とするのであります。

日蓮宗の者達は、ここのところが全く解っておりません。したがって、妙法蓮華経とは法華経を要約したものであるとか、法華経の題号のように考えていますが、そうではなく、法華経の体《たい》であり、意《こころ》そのものなのであります。すなわち、この南無妙法蓮華経こそ、久遠元初本因妙名字即の、凡夫即極の仏様の証得するところの妙法であり、根本の大法でありまして、また三世の諸仏が成道する根源の法であります。故に『秋元御書』に、

「三世十方の仏は必ず妙法蓮華経の五字を種として仏に成り給へり」（同一四四八㌻）

と仰せられているのであります。

さらに『三大秘法抄』には、

「問ふ、所説の要言《ようごん》の法とは何物ぞや。答ふ、夫《それ》釈尊初成道より、四味三教乃至法華経の広開三顕一の席を立ちて、略開近顕遠《かいごんけんのん》を説かせ給ひし涌出

品まで秘せさせ給ひし処の、実相証得の当初《そのかみ》修行し給ふ処の寿量品の本尊と戒壇と題目の五字なり」（同一五九三ジペー）

と仰せられ、この妙法蓮華経には、本門の本尊・本門の戒壇・本門の題目の三大秘法総在の義を含むことを明かされているのであります。

よって「凡そ妙法蓮華経とは、我等衆生の仏性と梵王・帝釈等の仏性と舎利弗・目連等の仏性と文殊・弥勒等の仏性と、三世諸仏の解りの妙法と、一体不二なる理を妙法蓮華経と名づけたるなり」と仰せられた御文意を拝しまするに、三大秘法総在の妙法蓮華経を挙げて、所具所証の義に約して仏性たる境《きょう》を示し、その能具能証に約して諸仏の悟りである智を示して、その一体不二の理を説かれ、もって境智冥合人法一箇の妙法蓮華経をお示しあそばされているのであります。

次に**「故に一度妙法蓮華経と唱ふれば、一切の仏・一切の法・一切の菩薩・一切の声聞・一切の梵王・帝釈・閻魔《えんま》法王・日月・衆星・天神・地神・乃至地**

獄・餓鬼・畜生・修羅・人天・一切衆生の心中の仏性を唯《ただ》一音に喚《よ》び顕はし奉る功徳無量無辺なり」と仰せでありますが、これは三大秘法総在の妙法蓮華経のなか、別して本門の題目を挙げられ、ひとたび妙法蓮華経と唱える、ただ「一音」によって、十界の衆生の心中の仏性が呼び顕され、その功徳は無量無辺であると、南無妙法蓮華経と唱える意義と功徳を示されているのでありま す。

すなわち「一度妙法蓮華経と唱ふれば」云々と仰せのように、宇宙法界のすべての存在の仏性を、ただ「一音」において呼び顕すということは、これはまさに、自分だけではなく、宇宙法界の全体にわたって一切を回向《えこう》して、その功徳が一切の仏性を呼び顕すこととなり、したがって、その功徳はまことに無量無辺であると仰せられているのであります。

さて、次に五番目の御文を拝読します。

５　法華初心成仏抄

我が己心《こしん》の妙法蓮華経を本尊とあがめ奉りて、我が己心中の仏性《ぶっしょう》、南無妙法蓮華経とよびよばれて顕はれ給ふ処《ところ》を仏とは云ふなり。譬へば篭《かご》の中の鳥なけば空とぶ鳥のよばれて集まるが如し。空とぶ鳥の集まれば篭の中の鳥も出《い》でんとするが如し。口に妙法をよび奉れば我が身の仏性もよばれて必ず顕はれ給ふ。梵王《ぼんのう》・帝釈《たいしゃく》の仏性はよばれて我等を守り給ふ。仏菩薩の仏性はよばれて悦《よろこ》び給ふ。（御書一三二〇ジペー一六行目）

この御文は、先の四番目の御文に続いての御文であります。

初めに「**我が己心《こしん》の妙法蓮華経を本尊とあがめ奉りて、我が己心中の仏性《ぶっしょう》、南無妙法蓮華経とよびよばれて顕はれ給ふ処《ところ》を仏とは云ふなり**」とありますが、これは久遠元初の仏様の悟り、お振る舞いについての妙釈であります。

まず「我が己心の妙法蓮華経を本尊とあがめ奉りて」と仰せでありますが、この「我が己心の妙法蓮華経を本尊」とするということは、これは仏様に約するお言葉なのであります。つまり「我が己心の妙法蓮華経を本尊とあがめ奉り」と仰せの「己心」とは、迷いの凡夫たる我々の己心ではなくして、まさしく久遠元初の本仏己心所具の、境妙の本尊を指すのであります。

そして、次の「我が己心中の仏性、南無妙法蓮華経」とは、同じく己心の智妙を「仏性、南無妙法蓮華経」として挙げられ、「よびよばれて顕はれ給ふ処を仏とは云ふ」とは、智は境を呼び、境は智に呼ばれて、境智冥合一体不二となり、久遠元初自受用身即一念三千、いわゆる人法一箇の尊体となって顕れ給う境界、すなわち本尊を示されているのであります。したがって「己心」とは、一往付文の辺は我ら一切衆生の己心でありますが、再往元意の辺は久遠元初の御本仏の己心を指すのであります。

すなわち、この御文は、妙法蓮華経を照らし出すところの智慧を示して、その智慧の当体において、これも妙法蓮華経であり、すなわち智の妙法蓮華経であり、そして、それは境の妙法蓮華経に南無するということでありますから「南無妙法蓮華経」となるのであります。

したがって、このところを間違えて「我が己心を仏とするのであるから、御本尊は不要である。自分の心に対して南無妙法蓮華経と唱えればよい」などと考えるのは、大きな間違いなのであります。

次の**「譬へば篭《かご》の中の鳥なけば空とぶ鳥のよばれて集まるが如し。空とぶ鳥の集まれば篭の中の鳥も出《い》でんとするが如し」**とは、前文の本尊における境智冥合の譬えを、ここにおっしゃっているのであります。

初めの「篭の中の鳥なけば」とは、信心を起こして南無妙法蓮華経と唱え奉ること、すなわち智妙に譬え、次の「空とぶ鳥のよばれて集まる」とは、この智妙の信心に対して、本尊と崇め奉る己心の境妙法蓮華経は、唱題の呼び掛けに応じて、その体徳を顕されることに譬えるのであります。これすなわち、御本仏宗祖日蓮大聖人様の己心己証の妙法であり、末法の一切衆生のために顕し給う、妙法大漫荼羅本尊であります。

また「空とぶ鳥の集まれば篭の中の鳥も出でんとするが如し」とは、「篭の中の鳥」すなわち、三界のなかの苦しみに喘《あえ》ぐ我ら衆生も、御本尊の勝能に引かれて菩提心を起こし、正道を求めて仏道を成就することに譬えているのであります。

次に**「口に妙法をよび奉れば我が身の仏性もよばれて必ず顕はれ給ふ。梵王《ぼんのう》・帝釈《たいしゃく》の仏性はよばれて我等を守り給ふ。仏菩薩の仏性はよばれて悦《よろこ》び給ふ」**と仰せでありますが、三大秘法総在の題目を唱え奉れば、よく一切の仏性に通じ、我が身の仏性も呼ばれて必ず顕れるだけでなく、さらに梵王や帝釈の仏性も呼ばれて、我々を守護するとの仰せであります。

ここに示される、大梵天王や帝釈天王などの諸天善神は、法華経の行者を守護するとともに、民衆や国土を守り、福をもたらす用《はたら》きを持つのであります。

法華経の安楽行品第十四には、

「諸天昼夜に、常に法の為の故に、而《しか》も之《これ》を衛護す」（法華経三九六ジペー）

とあって、法華経の行者の守護を誓っております。さらには、末法の法華経である三大秘法の御本尊のなかに諸天善神が認《したた》められている所以《ゆえん》も、ここに存するのであります。

つまり、梵王や帝釈等の諸天善神は、正法を受持する人が法華経を聞くことを喜ばれ、その人を守っていくのが、その役目であります。

だから、我々が一生懸命に自行化他の信心に励みますと、諸天善神が様々に姿を変えて、私達を守ってくれます。これはそもそも、御本尊の功徳によるのであって、諸天善神そのものを拝むということではありません。世間では、帝釈天を拝んだり、鬼子母神を拝んでいる人もおりますが、それらは信仰の対象ではありません。あくまでも、御本尊様が信仰の対境であります。その御本尊様を拝む人を、諸天善神は守護するということです。

帝釈天を拝んでも、帝釈天は守りませんし、鬼子母神を拝んでも、鬼子母神は守りません。御本尊様を拝む人を守るのが、諸天善神の役目なのです。すべての根源が、妙法にあるわけです。その妙法を信仰する人を守護するところに、諸天善神の用きがあるわけで、その意味からも我々は、朝の勤行において、諸天善神に法味を捧げている次第であります。

時間が迫ってまいりましたので、本日の講義はここまでといたします。

なお、最初にも申し上げましたように、明年の三月は、もう十カ月を切っておりますから、またたく間に来てしまいます。どうぞ、それぞれ御自宅にお帰りになりましたならば、心を新たにして、誓願達成のために僧俗一体、一致協力して御精進をいただきたいと思います。

明年の三月に登山した時に、うなだれて歩かなくてもいいように、頑張っていただきたいと思います。そして、みんなで堂々と胸を張って、御本尊様に我々の姿を見ていただこうではありませんか。それが、今、我々に課せられた大事な使命であると思いますので、いよいよの御精進を心から願うものであります。

以上をもちまして、講義を終了いたします。

御法主日如上人猊下御講義

信行要文 第二期

平成二十六年五月二十五日

御講義テキスト（一一ページ九行目～一二ページ九行目）

皆さん、おはようございます。

本年度夏期講習会の第二期に当たりまして、皆様方には深信《じんしん》の登山、まことに御苦労さまでございます。恒例により「信行要文」についてお話をさせていただきたいと思います。

本日は、テキスト十一ページの六番目『上野殿御返事』から講義をしていきますので、よろしくお願いいたします。

6　上野殿御返事

無量義経に云はく「四十余年未《いま》だ真実を顕はさず」と。法華経に云はく「世尊は法久しくして後要《のちかなら》ず当《まさ》に真実を説きたまふべし」と。多宝仏は「皆是《みなこれ》真実なり」とて、法華経にかぎりて即身成仏ありとさだめ給へり。爾前経にいかやうに成仏ありともとけ《説》、権宗《ごんしゅう》の人々無量にいひ《言》くるふ《狂》とも、たゞほうろく《焙烙》千につち《槌》一つなるべし。「法華折伏破権門《ごんもん》理」とはこれ

なり。（御書一三五九ページ一三行目）

この御文は、上野殿に差し上げた御書の一文であります。

上野殿とは、南条時光殿のことであります。ここ総本山がある所は、静岡県富士宮市上条でありますが、昔は富士郡上野村と言っておりました。今は上野という地名が住所から取られてしまいましたが、上野小学校や上野中学校など、名残は色々なところにあります。南条時光殿は、ここ上野に住んでおられましたので、土地の名前を取って、上野殿と称したのであります。

これは世間でも、よく土地の名前を取って、日暮里《にっぽり》のおじさんとか高田馬場のおばさんなどと言うでしょう。それと同じで、大聖人様も南条時光殿のことを上野殿と称されていたのであります。

本抄は、弘安二（一二七九）年四月二十日、日蓮大聖人様が御年《おんとし》五十八歳の時の御書であります。

本抄では、初めに竜口《たつのくち》の頚《くび》の座と、東条小松原の難を挙げられまして、刀杖《とうじょう》の難に値《あ》われたことを述べられております。そのようなところから、本抄を別名『刀杖難事』とか『杖木書』と称されております。

その対告衆《たいごうしゅ》は上野殿でありますが、正規の名前は南条兵衛《ひょうえ》七郎次郎平《たいらの》時光と言い、法名を大行《だいぎょう》と言うのであります。毎年、総本山でも、南条時光殿の祥月命日に当たる五月一日に大行会《え》を修して、お墓参りもしております。

この南条時光殿は、大聖人様御在世当時の御信者であり、総本山大石寺の土地を御供養してくださった、総本山の開基檀那でもあります。また、当時の上野郷の地頭であったことから、先程も申しましたように、地名を取って上野殿と称したのであります。

南条時光殿のお父さんの名前は南条兵衛七郎で、法名は行増《ぎょうぞう》と言います。その次男であったので、南条時光殿のことを南条兵衛七郎次郎と言うのです。その時光殿にはお兄さんがおられまして、十八歳の時に水死してしまうのでありますが、この方の名前は南条兵衛七郎太郎と言うのです。昔は、このような名前の付け方をしておりまして、長男であれば太郎、次男であれば次郎と、このように呼ばれていたのであります。そして、お兄さんが亡くなりましたので、時光殿は若くして地頭職を継いだのであります。

ちなみに、一番上のお姉さんは蓮阿尼と言い、伊豆の仁田郡《にいだ》（現在の静岡県函南町）の新田五郎重綱《しげつな》に嫁《とつ》ぐのでありますが、この長姉の子供がのちに第三祖日目上人となられます。そして、もう一人の姉は、富士郡重須《おもす》（現在の富士宮市北山）の地頭であった石川新兵衛宗忠《むねただ》に嫁いでいるのであります。

時光殿は、幼い時から大聖人様に帰依するとともに、日興上人を師兄《しけい》と仰いで、純真な信心に励んでおりました。特に熱原法難の時には信者の中心者として活躍し、多くの僧俗が迫害に値うなか、それらの僧俗を護って外護の任を果たした方であります。

御書のなかには、南条時光殿のことを「上野賢人」（御書一四二八ジペー）と称賛され、大聖人様から大きな信頼を受けていた方であります。「賢人」という称号を頂戴したくらいですから、まさに信心強盛《ごうじょう》で、多くの方々に慕《した》われていた方であったことが窺《うかが》い知れるのであります。

また、奥さんは妙蓮と言い、時光殿と共に数多くの御供養を大聖人様に尽くされております。そして、熱原法難のあと、幕府による弾圧が続く窮乏《きゅうぼう》のなかで、九男四女の子供を育てられたのであります。

時光殿はまた、波木井実長の謗法により、日興上人が身延を離山された時も、日興上人を上野の地にお迎えし、そして大石寺開創の基礎を作りました。さらに、大法流布のために権力や迫害にも屈せず、純真な信心を貫いた方でありまして、信徒の鑑《かがみ》と言われております。そのことは、大聖人様から三十数通もの御書を頂戴していることからも判るのであります。

さて、ただいま拝読した御書の内容を見ますと、まず初めに、大聖人様がこれまで値われた法難のなかで、竜口の法難と東条小松原の法難ほどの大難はないと仰せです。それは、色々な難を受けたなかでも命を捨てるほどの大難は、ほかにはなかったからである、と仰せられているのです。

竜口の法難とは、皆さんもよく御承知のことと思いますが、文永八（一二七一）年九月十二日に、大聖人様が鎌倉の竜口で頚の座に座らされ、斬首刑に処せられようとした事件であります。

その竜口の法難は、大聖人様と極楽寺良観とが、祈雨《きう》の勝負をしたことが発端です。この祈雨の勝負で、良観が一生懸命に雨を降らそうとするけれども、一向に雨は降らず、ただ単に涙と汗のみを流して、結局、良観は勝負に負けてしまうわけです。それを恨みに思った良観が、様々な策謀《さくぼう》を企《くわだ》て、大聖人様を亡き者にしようとしたことが、竜口の法難の発端であります。

つまり、ずる賢い良観が、幕府の要人やその奥さん方に取り入って、様々に悪巧みをするのであります。そしてこれを受けて、平左衛門尉頼綱《よりつな》が武装した数百人の兵を連れて大聖人様がおられる松葉ヶ谷《やつ》の草庵《そうあん》を襲い、大聖人様を捕らえたのであります。この時、同行した平左衛門の家臣である少輔房《しょうほう》という者が、大聖人様の懐中から法華経の第五の巻を奪い取り、大聖人様の頭《こうべ》を打ち据えたのであります。

この第五の巻のなかには勧持品第十三が入っておりまして、そこには末法の法華経の行者が三類の強敵《ごうてき》に値われるということが予証されているのです。

今の法華経の多くは冊子本《さっし》になっておりますが、大聖人様御所持の法華経は、巻子本《かんす》と言いまして、巻物だったのであります。法華経は全部で八巻あるのですが、そのうちの第五の巻に勧持品が入っており、この第五の巻をもって大聖人様の頭を打ち据えたのであります。

大聖人様は、

「うつ杖も第五の巻、うたるべしと云ふ経文も五の巻、不思議なる未来記の経文なり」（御書一三六〇㌻）

と仰せのように、末法の法華経の行者が三類の強敵の難に値うということを示された勧持品の巻軸で頭を打たれたことによって、大聖人様は身をもって法華経の経文を実証されたのであります。したがって大聖人様は、この難によって、まさしく法華経を身読《しんどく》した、身体で読んだとおっしゃっているのであります。

さて、松葉ヶ谷の草庵で逮捕された大聖人様は、一時、北条宣時《のぶとき》の屋敷に預けられ、なんの取り調べもないまま、深夜、隠密裏に竜口の刑場へ連れ出されたのであります。

その途中、大聖人様は鶴岡八幡宮の前で行列を止めさせ、八幡大菩薩に対して「法華経の行者を守ると誓っているのにもかかわらず、何故、この日蓮を守らないのか」と叱責《しっせき》されました。このことにより、のちに竜口の刑場で、法華経の行者である大聖人様を諸天善神がお守りすることになるのであります。

また、大聖人様は四条金吾のもとへ使いの者を走らせて、事の次第を伝えさせました。それを聞いた四条金吾は驚いて、裸足《はだし》のまま駆けつけ、大聖人様の馬の轡《くつわ》に取りすがり、決死の覚悟で刑場までお供をしたのであります。

竜口に着かれた大聖人様を頚の座に据えて、太刀取《たちと》りがまさに大聖人様の頚を刎《は》ねんとした時に、江ノ島のほうから不思議な光り物が現れ、太刀取りの目はくらみ、そのほかの兵士達も皆、恐れおののいて、刀を捨てて逃げ伏し、大聖人様を斬ることはできなかったのであります。

この時に現れた光り物について、大聖人様は、

「三光天子の中に月天子は光物《ひかりもの》とあらはれ竜口の頚をたすけ《助》云云」

（同四七九ジペー）

と仰せであります。その「三光天子」とは太陽・月・星の三つですが、これらが法華経の行者を守っており、竜口の頚の座では月光天子、月の諸天善神が光り物となって現れて、法華経の行者を守護せられたのであります。

そののち、依智（現在の神奈川県厚木市）にあった、佐渡の地頭・本間六郎左衛門の屋敷に預けられ、同年十月十日に依智を発《た》って佐渡に向かわれまし

た。

この竜口の法難は、御法門の上から非常に大事な意義があります。すなわち『開目抄』に、

「日蓮といゐし者は、去年九月十二日子丑《ねうし》の時に頚はねられぬ。此《これ》は魂魄《こんぱく》佐土の国にいたりて、返る年の二月雪中にしるして、有縁の弟子へをく《送》れば、を《怖》そろしくてをそ《恐怖》ろしからず。み《見》ん人、いかにを《怖》ぢぬらむ」

（同五六三ページ）

とお示しのように、この時に大聖人様が発迹顕本《ほっしゃくけんぽん》されたことを述べられているのであります。

御文のなかの「魂魄」とは、久遠元初自受用身としての魂魄であり、大聖人様はこの竜口の法難において、凡夫としての迹を発《はら》って、久遠元初自受用身としての本仏の境地を顕されたのであります。その証拠が、ただいま拝読の「日蓮といゐし者は、去年九月十二日子丑の時に頚はねられぬ」との御文であり、

ここで大聖人様は凡夫の身の頚が刎ねられたとおっしゃっております。実際には、頚は刎ねられておりませんが、凡夫の身としての頚は「はねられぬ」とおっしゃっており、次の「此は魂魄佐土の国にいたりて、返る年の二月雪中にしるして、有縁の弟子へをくれば、をそろしくてをそろしからず。みん人、いかにをぢぬらむ」とは『開目抄』を認《したた》められた理由を仰せになっているのでありますが、まさにそのようにして、大聖人様は発迹顕本をせられたということです。

もう一つの大難として、前にも挙げた『上野殿御返事』に「東条の難」とお示しになった、小松原の法難があります。

文永元（一二六四）年の秋に、母君《ははぎみ》が危篤であるとの知らせを受けて、大聖人様は故郷の安房《あわ》（現在の千葉県）にお帰りになるのであります。そして『可延定業御書』に、

「日蓮悲母《はは》をいのり《祈》て候ひしかば、現身に病をいやすのみならず、四箇年

の寿命をのべ《延》たり」（同七六〇ページ）

と仰せのように、大聖人様の御祈念によって病が快復し、四カ年の寿命を延べられたのであります。

そのあとも大聖人様は安房の地に留まって、妙法弘通に専念されていたのでありますが、大聖人様の帰郷を聞かれた、天津《あまつ》の領主で、信者でもある工藤吉隆殿が、大聖人様をお招きしたいということでお願いに行き、大聖人様も諒《りょう》とされて、工藤家へ行こうとした時に起きたのが小松原の法難であります。

大聖人様はその年の十一月十一日に、十人ばかりのお供を連れて、工藤殿の館に向かわれました。これを知った地頭の東条景信《かげのぶ》、この者は熱心な念仏の信者で、大聖人様が清澄寺で「念仏は無間地獄の教えである」等と述べて立宗宣言あそばされたことで、烈火の如く怒り、大聖人様を亡き者にしようとします。その時に大聖人様をお助けしたのが、兄弟子でもあった義浄房と浄顕房のお二人で、大聖人様は『本尊問答抄』のなかに、

「貴辺は地頭のいかり《怒》し時、義城房とともに清澄寺をいでておはせし人なれば、何となくともこれを法華経の御奉公とおぼしめして、生死をはなれ《離》させ給ふべし」（同一二八三ページ）

と示され、立宗宣言の時に義浄房と浄顕房の助けによって東条景信の難を逃れることができたとおっしゃっております。

その東条景信が、またもや大聖人様を亡き者にしようと手勢を連れて、小松原で待ち伏せをするのです。そして、大聖人様一行が夕刻、小松原に差し掛かった時に、武器を持った兵士が数百人の念仏者を率いて、大勢で襲い掛かったのであります。その結果、弟子の鏡忍房が殺され、お二人が重傷を負《お》うことになりました。また大聖人様御自身も、景信の太刀によって右の額に深手の傷を受けられ、さらに左手を折られるという、まさに命に及ぶ大難に値われたのです。この時に工藤吉隆殿も殉死したと言われています。

この時の様子について『南条兵衛七郎殿御書』には、

「十一月十一日、安房国東条の松原と申す大路《おおじ》にして、申酉《さるとり》の時、数百人の念仏等にまち《待》かけられ候ひて、日蓮は唯《ただ》一人、十人ばかり、ものゝ要にあふ《合》ものわづか《僅》に三四人なり。いる《射》や《矢》はふる《降》あめ《雨》のごとし、うつ《討》たち《太刀》はいなづま《雷》のごとし。弟子一人は当座にうちとられ、二人は大事のて《手》にて候。自身もき《斬》られ、打たれ、結句にて候ひし程に云云」（同三二六ページ）

と示されております。

さて、松葉ヶ谷の草庵において法華経の第五の巻で大聖人様を打擲《ちょうちゃく》した少輔房について、大聖人様は『上野殿御返事』のなかで、

「ついには日蓮にあひて仏果をうべきか」（同一三五九ページ）

と仰せられ、妙法に結縁した因縁によって、結局は救われるであろうと御指南であります。

そして、逆縁成仏の例を同抄の前段に、

「天竺《てんじく》に嫉妬《しっと》の女人あり。男をにくむ故に、家内の物をことごとく打ちや

ぶり、其の上にあまりの腹立《はらだち》にや、すがた《姿》けしき《気色》かわり、眼は日月の光のごとくかがやき、くちは炎をはくがごとし。すがたは青鬼・赤鬼のごとくにて、年来《としごろ》男のよみ奉る法華経の第五の巻をとり、両の足にてさむざむ《散散》にふみける。其の後《のち》命つきて地獄にをつ《堕》。両の足ばかり地獄にいら《入》ず。獄卒《ごくそつ》鉄杖をもってうてどもいらず。是は法華経をふみし逆縁の功徳による」

（同一三五八㌻）

と仰せです。これは、女人が嫉妬に狂って、亭主が拝んでいた法華経を足蹴《あしげ》にしたことにより地獄に堕ちるのでありますが、その足蹴にした足だけが地獄のなかに入っていかなかったという話で、これを逆縁成仏と言います。

このことは私達の折伏にとっても、非常に大事なことであります。すなわち、逆縁だろうが順縁だろうが、しっかりと折伏していくということです。

とかく、我々凡夫の考えで、少し厄介《やっかい》な人には「折伏をしたってだめだよ」と言って、折伏をやめてしまいがちですが、そうではないのです。だれであっても、どんどん、どんどん折伏をしていくべきであります。

たとえその時に反対しても、必ず逆縁の成仏につながるのですから、どんなに怒り狂っていても構いません。相手に対して、しっかり「この御本尊でなければ、本当の幸せは掴《つか》めませんよ」と、はっきり言うのです。

我々の折伏は、順縁・逆縁の二縁を共に救うわけです。折伏して、すぐに解ってくださる方は順縁で、それはまことに結構でありますけれども、たとえ逆縁であっても必ず救えるのですから、多くの方々に妙法を下種結縁していくということが大事なのであります。自分の判断で「あの人はだめだ」と、けっして決めつけないでください。

これは前に何度も話したことですが、先年、台湾に行った時の市内見学で、総統府に案内されました。そして、一通り見学が終わったあとに、局長さんが出迎えてくださいまして、私と局長さんとで少し立ち話をしました。

その話が終わったあとに、私は別の方と話をしておりますと、局長さんと台湾の婦人部の方が、三人ぐらいで熱心に話をしておりましたので、私が「あの方々は何を話しているのですか」と聞きましたら、折伏をしていると言うのです。

私が別の方と話している間に、局長さんを折伏しているというわけで、どんな時でも折伏を忘れない姿がありました。つまり、場所、時、だれかれを選ばず、チャンスがあれば折伏しているということで、それが今日の台湾のパワーになっているのではないかと思います。我々も、台湾の方から学んで、しっかり折伏をしていかなければいけないと思います。

本当にチャンスがあれば、相手がだれであろうと、堂々と折伏しているのです。私はその時に「折伏とは、こうでなければならない」ということを、台湾の婦人部の方に教えられました。

ただいまの御書に示されるように、法華経を足蹴にした女人でも逆縁成仏するのですから、このことを私達はよく知って、多くの人達に下種結縁していくことが極めて大事であります。

さて、この『上野殿御返事』では、法華経の第五の巻に収められている各品の内容と、その意義について述べられております。そのなかで、まず提婆達多品にある提婆達多と竜女の成仏について触れられて、

「逆順ともに成仏を期《ご》すべきなり。是《これ》提婆品の意なり」（同一三六〇㌻）

と仰せであります。

つまり、五濁《じょく》乱漫の末法の衆生が救われる道理を、ここにおっしゃっているのです。下種することによって、必ずそれが縁となって成仏に結びつくのでありますから、逆縁も順縁も、共に成仏を期す大事な発端になるということであります。

次に、勧持品のなかで説かれている刀杖の難に関連して、過去の様々の聖人などの例を引かれ、法華経の第五の巻の勧持品を身口意の三業で読み、実践したのは、ただ日蓮一人であると断言せられているのであります。

さらに涌出品については、大聖人様こそ、上行菩薩のなすべき末法の妙法弘通を実践している、ただ一人の方であることをお述べになっているのでありま す。

以上、当抄の概略を申し述べました。

次に先程拝読した、テキストの第六番に挙げた御文ついて申し上げます。

初めに**「無量義経に云はく『四十余年未《いま》だ真実を顕はさず』と」**とあります が、この無量義経とは法華経の開経とされるお経で、徳行品・説法品・十功徳品の三品から成っております。このうち「四十余年未だ真実を顕はさず」とは、説法品のなかで述べられている御文であります。

この文意は、釈尊の五十年の説法のうち、前の四十二年間の教えは方便権教であって、真実を顕さない教えであるということです。すなわち、釈尊をはじめとする三世十方の諸仏の出世の本懐は、一切衆生を化導して仏道を成就させることにあり、四十余年の経教は衆生を教化するために、仮りに方便として説かれたもので、仏の本意ではありません。釈尊の本意はあくまでも、のち八年の法華経を説くことにあるとおっしゃっているのであります。

御承知のように、家を建てる時には足代《あししろ》といって、いわゆる足場を組みますが、この足代が爾前権教なのです。この足代は、家を建て始める時には必要ですが、家が建ってしまったならば、かえって不要なものであり、取り去らなければなりません。つまり、真実の教えである法華経が説かれたのちは、足代としての爾前権教は捨て去らなくてはならないのであります。

また、天台大師は、華厳時・阿含時・方等時・般若時・法華涅槃時の五時を説かれ、法華経が最も勝れていることを示されております。

初めの華厳時とは、釈尊が伽耶《がや》城近くの菩提樹のもとで成道したのち、擬宜《ぎぎ》すなわち衆生の機根を試すために二十一日間、華厳経を説いた期間であります。

その次が阿含時で、衆生を仏法に誘引するために鹿野苑《ろくやおん》などで十二年間、阿含経を説かれた期間であります。

三番目が方等時で、弾呵《だんか》すなわち小乗に執着することを恥ずかしめて大乗を慕《した》わせるため、阿含時に続いて十六年間、様々な権大乗の教えを説いた期間であります。

四番目が般若時で、鷲峰山《じゅほうせん》や白露池《びゃくろち》などの四処十六会《え》で十四年間、衆生の機根を淘汰《とうた》するために大品《だいぼん》般若経などの教えを説いた期間であります。

そして最後、五番目に法華経が説かれます。釈尊は法華経を説くために、華厳・阿含・方等・般若という長い時間を費やし、衆生を調機調養《じょうきじょうよう》したのであります。つまり様々な機根の衆生がいますから、その機を調え、機を養ってから、最後の八年間において法華経をお説きになったのであります。

また、天台大師は右の五時の内容を、牛の乳を精製する五つの過程、すなわち五味に譬えております。まず最初の乳味とは牛乳のことで、次に酪《らく》味とは、今で言いますとヨーグルトとかチーズのようなものです。そして生蘇《しょうそ》味、熟蘇《じゅくそ》味と段階を経て、最後は無上の味わいである醍醐《だいご》味に至ると説かれております。その醍醐味の教えこそ法華経であるということで、その前の四十二年間にわたって説かれた経教は真実を顕すための方便であり、いまだ真実は説かれていないということです。

次に**「法華経に云はく『世尊は法久しくして後《のち》要《かなら》ず当《まさ》に真実を説きたまふべし』と」**とあります。これは法華経方便品第二に説かれている一文でありますが、天台大師は『法華文句』に、

「世尊法久後要当説真実とは即ち真を顕すなり」（文句会本上五八二ページ）

と示されております。すなわち仏様が法を説くのは、一切衆生をことごとく成仏せしめることにあり、そのために四十二年間にわたって様々な手段が用いられ、機根を調える方便が説かれてきたのであります。それに対して法華経は、これまでの方便権経とは異なり、真実の教え、一乗の法が説かれているとおっしゃっております。

次に**「多宝仏は『皆是《みなこれ》真実なり』とて、法華経にかぎりて即身成仏ありとさだめ給へり」**とありますが、この多宝仏とは、法華経見宝塔品第十一に説かれるところでありまして、法華経の会座《えざ》に宝塔に座して出現し、釈尊の説く法華経が真実であることを証明された仏様であります。

宝塔品に説かれるところでは、多宝如来は過去、東方世界の宝浄国の仏でありましたが、菩薩の修行中に、自分が滅度ののち、いずれの地であっても法華経を説く者があれば、その前に塔廟《とうびょう》を涌現させて、法華経の真実であることを証明しようという誓願を立てたのであります。この誓願のもとに見宝塔品で宝塔を涌現し、塔の中より大音声《おんじょう》をもって、

「釈迦牟尼世尊、所説の如きは、皆是《こ》れ真実なり」（法華経三三六ジペー）

と、法華経の真実なることを証明されたのであります。

つまり、法華経が真実であると証明されたことは、その法華経において説かれる即身成仏義もまた真実であり、しかもこれは、法華経に限って説かれる大

事だと仰せられています。

このように、無量義経および法華経方便品ならびに宝塔品にて証明されているように、即身成仏ということは、まさに法華経に限るのであります。

そもそも、即身成仏とは何かと言いますと、衆生が凡夫の身そのままで仏に成ることであります。法華経以前の諸経では、例えば悪人の成仏はかないませんでした。悪人が成仏する手立ては、悪人が善人に改まって成仏する、段階的な成仏です。あるいは女人不成仏といって、女性の方も成仏できないとされておりました。女性が成仏するためには、変成男子《へんじょうなんし》といって、男性に変わらなければならないのであります。このように爾前権経には、その身そのまま成仏することは説かれておらず、改転の成仏が説かれているのです。

しかし、法華経に来て初めて、悪人は悪人のまま、女人は女人のまま成仏することが説かれたのであります。また歴劫《りゃっこう》修行といって、何回も何回も生まれ変わり、長い時間をかけて仏に成ることや、改転の成仏という、まぎらわしい過程をすべて打ち破って、その身そのまま成仏することができると説かれたのであります。

その例証として、提婆達多の成仏と八歳の竜女の成仏が法華経提婆達多品第十二に説かれておりますが、さらに伝教大師は『法華秀句』のなかに、

「能化所化倶《とも》に歴劫無し、妙法の経力を以て即身に成仏す」

と示され、爾前諸経で説かれる歴劫修行に対して、法華経ではまさに妙法の力によって、十界の衆生それぞれがそのまま、当体を改めずして即身成仏すると説かれるのであります。

もちろん、今、末法においては、文底下種の南無妙法蓮華経を至心に信ずることによって、即身成仏ができるのであります。

したがって、次の御文に**「爾前経にいかやうに成仏ありともとけ《説》、権宗《ごんしゅう》の人々無量にいひ《言》くるふ《狂》とも、たゞほう《焙》ろく《烙》千につち《槌》一つなるべし。『法華折伏破権門《ごんもん》理』とはこれなり」**とおっしゃっております。つまり、爾前権経にどの

ように成仏があると説かれていようが、また爾前権経の人々がどんなに成仏ができると言い張ったとしても、それは千個の焙烙《ほうろく》、すなわち素焼きの平たい土鍋《どなべ》も、一つの金槌《かなづち》でたたけばすぐにすべてが割れてしまうように、爾前権経の教えというのは、法華経の強力な力に比べれば、全く相手にならないということであります。

つまり、爾前権経を依経とした邪義邪宗がいかに多くあったとしても、真実経である法華経の前では、一つの金槌が千個の焙烙を簡単に割るように、すべて打ち砕くことができると仰せられているのであります。

よって、天台の『法華玄義』には、

「法華折伏破権門理（法華は折伏して権門の理を破す）」

（玄義会本下五〇二㌻）

とおっしゃっているのであります。すなわち「法華折伏破権門理」とは、法華の思想そのものが折伏であると示されているのでありまして、我々が信心をしていく上においては、折伏の思想を絶対に忘れてはいけないということであります。

それはそうでしょう。折伏を忘れては、自行化他がそろいませんから、そこには功徳が具わらないのです。私達が本当に功徳を頂こう、本当の幸せを築いていこうと願うならば、あくまでも自行化他の信心をしていかなければなりません。

大聖人様は『三大秘法抄』に、

「正法には天親菩薩・竜樹菩薩（中略）自行計《ばか》りにして唱へてさて止《や》みぬ。像法には南岳・天台等は（中略）自行の為にして広く化他の為に説かず」（御書一五九四ジペー）

とおっしゃっておりますが、一生懸命にお題目を唱えていても功徳がないと思うのならば、化他の折伏をしなければならないということです。自行である唱題と、化他である折伏の両方を行じて初めて、功徳を頂けるのであります。もしも「私だって一生懸命に信心をやっているのに…」と言う方がいたとすれば、自行と化他という大事な修行を、どこかで忘れてしまっていると思います。この自行と化他ということは、非常に大事なことであります。

さて、大聖人様は『百六箇抄』のなかで、

「日蓮は折伏を本《ほん》とし摂受《しょうじゅ》を迹と定む。法華折伏破権門理とは是なり」

（同一七〇〇㌻）

とお示しになっております。御承知のように、人を教化する方法に折伏と摂受がありますが、大聖人様の教えは折伏をもって本とし、折伏を正規とすること、すなわち末法における弘通の方軌は折伏であるということを、はっきりと御教示なされているのであります。

私達の信心から折伏を取ってしまえば、信心は成立しないのです。私達の信心というのは、あくまでも自行化他にわたる信心なのです。ですから、何度も言いますが、いくらお題目を唱えても、功徳がないと悩んでいる人は、折伏をすればいいのです。

折伏をすることによって、我々の境界が変わります。そして、境界の変わったその姿が、相手にも無言のうちに伝わるのであります。「この御本尊様が第一だ」「多くの人を幸せにしたい」という思いが相手にも伝わる、これが大事なのです。その心を持って折伏に行くのと、いやいややるのとでは全く違います。

ですから、一人ひとりが自行化他にわたる唱題と折伏に、しっかり励んでもらいたいのです。そのためにも、この『百六箇抄』の「日蓮は折伏を本とし摂受を迹と定む。法華折伏破権門理とは是なり」との御金言を、よく覚えておいていただきたいと思います。

次に、七番目の『上野殿御返事』の御文について申し上げます。

7　上野殿御返事

とにかくに法華経に身をまかせ信ぜさせ給へ。殿一人にかぎるべからず。信心をすすめ給ひて、過去の父母等をすくわせ《救》給へ。日蓮生まれし時よりいまに一日片時《かたとき》もこころやすき事はなし。此の法華経の題目を弘めんと思ふばかりなり。相《あい》かまへて相かまへて、自他の生死《しょうじ》はしらねども、御臨終のきざみ、生死の中間に、日蓮かならずむかい《迎》にまいり候べし。

（御書一三六一ページ四行目）

この御文は、先に大聖人様御自身が法華経を身読されたことを述べられて、南条時光殿に対しても、信心強盛に法華経の信仰に生きるように勧められている一文であります。

初めに**「とにかくに法華経に身をまかせ信ぜさせ給へ」**とありますが、この

「とにかくに」とは、「色々な事情はさておいて」とか「どのようにあろうとも」「いずれにしても」という意味がありますが、ここでは「どのようなことがあろうとも」という意味と解釈してよいと思います。つまり「どのようなことがあろうとも、法華経すなわち文底下種の妙法蓮華経に己れのすべてを任せ、色心二法にわたって信じきっていきなさい」と仰せなのです。

我々の信心は、御本尊様を絶対的に信じきっていく、いわゆる「無疑曰信《わっしん》」の信心が最も肝要です。

この無疑曰信、すなわち疑い無きを信と曰《い》うとは『法華文句』の御文であり、心に疑惑の無い状態を信と曰うとの意であります。ですから、信心とは何かと言えば、この無疑曰信、御本尊様を疑いなく、素直な心で信じきっていくことであります。

小さいお子さんが、お父さんやお母さんと一緒に南無妙法蓮華経と、無心にお題目を大きな声で唱える姿を見かけますが、この純真な姿が大事です。子供には、南無妙法蓮華経にはいかなる意味があるのかなど、難しい御法門は解らないでしょう。しかし、お父さんやお母さんの教えを受けて、一生懸命にお題目を唱えている純真な姿がありますね。

やはり我々も、この純真な姿というものを忘れてはならないと思います。お子さんに対して「御本尊様は尊い」「御本尊様にしっかりお題目を唱えることが大事である」ということを、お父さん、お母さん方は教えておられると思いますが、そのことを私達はまた再確認して、素直に無疑曰信の信心を実践していくことが大事であります。

さて、次に**「殿一人にかぎるべからず。信心をすすめ給ひて、過去の父母等をすく《救》わせ給へ」**と仰せです。すなわち、信心はただ自分一人だけにとどめておくのではなく、いまだ信心をしていない人すべてに、正しい信心を勧めていくことが大切です。つまり、自行化他の信心に住していくことが肝要であり、なかんずく、折伏をもって「過去の父母」など、縁あるすべての人々を救っていかなければならないとおっしゃっているのであります。

「過去の父母」とは、よく言われる話ですが、これを尋ねていくと、ものすごく大きな数になるのです。まず私達には両親がいますが、その両親にもまた両親がいるので、四人となります。四の二倍は八で、八の二倍が十六、十六の二倍が三十二、その次が六十四と、どんどん増えていきます。

ちなみに勘定してみたところ、十代さかのぼると先祖の数は一千二十四人になりまして、私達はそれだけ多くの人達の血を受けているのです。さらに二十代までさかのぼっていきますと、百四万八千五百七十六人となるのです。また三十代までさかのぼってみると、なんと十億七千三百七十四万一千八百二十四人という、とんでもない数になります。これは日本の人口を大きく上回りますが、ということは、一人で十億人の先祖の方がいるのであれば、それぞれがルーツをたどっていくと、どこかで交じり合うことになり、結局、どこかで血がつながっていることになります。

ですから、皆さん方の「過去の父母」というのは、御自分だけの父母ではなくして、それこそ世界中のすべての人達に匹敵するぐらいの人が、我々と様々な縁があって、今日、私達があるのです。その故に「自分一人だけに限らないで、多くの方々に信心を勧め、過去の父母等を救っていきなさい」とおっしゃっているのであります。

今も申し上げましたが、ざっと三十代さかのぼって勘定しただけでも、十億人の先祖の方がおります。そうであれば、私達の題目一つで、この十億の先祖の人達に回向できるのであります。それほど御本尊様の力というのは偉大なのです。このことをよく頭に入れて、お題目をしっかりと唱え、そして折伏をしていくことが大事であります。

つまり、世の中のすべての人とは、色々な形で血縁関係にあるのでありますから、一人ひとりを大事にして、縁ある人々を一人でも多く救っていかなければならないということを、是非、忘れないでいただきたいと思います。

次に**「日蓮生まれし時よりいまに一日片時《かたとき》もこころやすき事はなし。此の法華経の題目を弘めんと思ふばかりなり」**とおっしゃっております。まさに大聖人様の御一代を拝しますると、その御一生は妙法広布のための苦闘と苦難の連続であり、「大難四カ度、小難数を知らず」と言われるように、広布のため、また一切衆生救済のために、身を賭《と》して戦ってこられた歴史でもあるのであります。

法華経勧持品には、釈尊滅後、法華経の行者を種々の形で迫害する、三類の強敵《ごうてき》があることを説かれております。すなわち、俗衆増上慢・道門増上慢・僭聖《せんしょう》増上慢の三つであります。

初めの俗衆増上慢とは、法華経の行者を悪口罵詈《めり》したり刀杖を加えたりする、仏法に無智な在俗の人達のことであります。

次の道門増上慢とは、慢心と邪智に富んだ、邪義邪宗の僧侶達を言います。

三番目の僭聖増上慢とは、外には聖者のように装《よそお》って、社会的にも尊敬を受けているが、内面では利欲に執着して悪心を抱き、法華経の行者を怨嫉《おんしつ》して、ついには権力を利用して流罪・死罪にまで迫害を及ぼす敵人を言うのでありま
す。

我々が信心していくと、この三類の強敵に値うのでありますが、三類の強敵に値うこと自体が非常に大事なことであります。逆に、難に値わないような信心をしていてはだめなのです。たしかに折伏をせずに、穏やかな生活をしていれば難に値うことはありません。つまり折伏をし、御法のため、広布のために尽くしていくから、様々な難に値うのであります。

しかるに大聖人様は、

「難来たるを以て安楽と意得《こころう》べきなり」（御書一七六三ﾍﾟｰｼﾞ）

とお示しになり、自分自身の成仏得道のためには難に値うことが大事であるとおっしゃっているのです。その元は、法を説くという崇高な使命に生きている姿がそこにあるからなのです。

人間として生まれて、なんの思想も持たず、ただ平々凡々と生きていくのか、それとも大聖人様の御意《ぎょい》に従って妙法広布のために生ききっていくのか、そこには大きな差があります。ですから、我々一人ひとりが目的意識を持って、しっかりとした信心をしていくことを忘れてはならないのです。そのために、大聖人様御自身も「一日片時もこころやすき事はなし」と仰せになり、それは「此の法華経の題目を弘めんと思ふばかり」だからである、とおっしゃっているのであります。

『開目抄』のなかに、

「但《ただ》日蓮一人これをよめり」（同五四一ジペー）

と仰せのように、正法弘通に際しては三類の強敵による大難があることを説くこの勧持品の偈文《げもん》を、ただ一人、身口意の三業にわたって読まれた結果、伊豆・伊東の配流、小松原の法難、竜口の法難など、未曽有の大難をお受けになられたのです。しかし、大難を受けながらも、大聖人様は末法の本仏としての境地を開顕あそばされたのであります。まさしくそれは「一日片時もこころやすき事はなし」の連続の御一生であったと言えます。

そして、これは「此の法華経の題目を弘めんと思ふばかりなり」と仰せられ、一天四海広宣流布達成を願う御本仏の大慈大悲を、ここに示されているのであります。したがって私達も、この御本仏の大慈大悲に対していかにお応えしていくか、今、何をすべきかを、よく考えなければなりません。

近くは明年、日興上人御生誕七百七十年をお迎えいたします。この時に当たって宗門は、法華講員五〇％増の誓願を立てたのであります。今、我々法華講員は、こぞって誓願達成に立ち上がるべきであります。老若男女を問わず、すべての人が立ち上がれば、この誓願は必ず達成できるのであります。

本日は、約四千名の方々が夏期講習会に参加されております。この四千名の方々だけが立ち上がっても、必ず誓願は達成できますよ。要は、一人が立つことです。

本日ここにお集まりいただいたことを機として、是非、師子奮迅の力を発揮し、これからの九カ月間を誓願達成の折伏にかけていっていただきたい。そこからまた、私達の様々なことが変わってきます。

幸せになろうと思うのならば、その原因を掴まなければだめであります。それはまさに、妙法広布に生きて過去遠々劫の罪障を消滅させ、真の正しい人生を歩むことができる道は、折伏しかありません。

これは両方に言えますが、他人を幸せにできなくて、なぜ自分を幸せにできますか。ですから、自折折他《じしゃくしゃくた》とも言いますが、自分を折伏して、かつ他人をも折伏するのです。これこそが信心の原点であることを、是非、忘れないでいただきたいと思います。

次に**「相《あい》かまへて相かまへて、自他の生死《しょうじ》はしらねども、御臨終のきざみ、生死の中間に、日蓮かならずむかい《迎》にまいり候べし」**とおっしゃっておりますが、この御文を拝すると、御本仏大聖人様の一切衆生救済の大慈大悲のお心を深く感ずることができます。

「自他の生死はしらねども」とは、自分も他人も、いつ死ぬか判らないが、という意味であります。しかし、いずれにしても「御臨終のきざみ、生死の中間」すなわち臨終の瞬間には「日蓮かならずむかいにまいり候べし」と、大聖人様は仰せになっているのであります。ですから、我々はこの御金言を心から信じ奉り、大聖人様の教えに身を賭《と》していかなければならないのです。

このお言葉には、御本仏大聖人様の計り知れない大慈大悲のお心と、一切衆生皆成仏道、つまり妙法を信受した衆生がすべて成仏することを願われる、御本仏大聖人様の限りない絶対平等の慈悲が示されていると拝することができるのであります。

ただし、ここで留意すべきことは、結局は我々の信心であるということです。大聖人様は、

「叶《かな》ひ叶はぬは御信心により候」（同一五一九ジペー）

と仰せであります。

また、皆さんもよく御存じと思いますが、仏道を成就するには、信力・行力・仏力・法力の四つの力が具わらなくてはなりません。つまり、信力・行力とは我々凡夫に具わる力であり、仏力・法力とは御本尊様に具わる力でありま す。この四力が成就することで何事もかなうのでありますが、既に御本尊様には偉大なる仏力・法力がましますのであります。したがって、そこに我々の信力・行力が具わることで、真の幸せ、即身成仏がかなうのであります。

ですから、御本尊様を信じきって、大聖人様の仰せのままに広布に生きることが、信力・行力を増すことになるのであり、それはお題目を唱え、折伏をしていくことに尽きるということであります。

この「叶ひ叶はぬは御信心により候」の御文を、一人ひとりが絶対に忘れないで、これからもさらに精進していただきたいと思います。

先程も申し上げましたが、来年・平成二十七年の三月までは、あと九カ月間あります。これを少ないと思うか、まだまだ時間があると思うかですが、九カ月もあれば、たいていのことは達成できるのではないでしょうか。したがって、九カ月もあるのですから、お題目を唱え、毎日、折伏に歩けば、必ず折伏が成就できると思います。

また、我々の信心姿勢がしっかりしていれば、御本尊様は必ずお守りしてくださるし、諸天善神の加護もあるのであります。ですから、一人ひとりが勇気を振り絞って、九カ月間を戦いきってもらいたいと思います。

そして、来年の日興上人御生誕七百七十年の喜ばしき日に、一人ひとりが堂々と胸を張り、登山をしていただきたいと思います。下を向いて来てはだめですよ。上を向いて、大御本尊様に「折伏を達成しました」「精一杯、御奉公させていただきました」と、胸を張って御報告していただきたいと思います。

このことをお願いいたしまして、本日はこれをもって講義を終わります。

御法主日如上人猊下御講義

信行要文　第三期

平成二十六年六月二十二日

御講義テキスト（一二ページ一一行目～一四ページ五行目）

皆さん、おはようございます。

本年度、夏期講習会の第三期に当たりまして、皆様方には大変お忙しいところを御登山くださり、まことに御苦労さまでございます。

さて本年度は、例年のように、お手元にお渡しいたしましたテキストにより、お話をさせていただきます。

これは、御書のなかから、信行に関する要文を集めたものであります。これまで、第一期と第二期の講習会で講義をしてまいりまして、本日はテキスト十二ページ十一行目の第八番『上野殿御返事』から講義をしていきますので、よろしくお願いいたします。

8　上野殿御返事

かつへ《飢》て食《じき》をねがひ、渇《かつ》して水をしたうがごとく、恋《こ》ひて人を見たきがごとく、病にくすりをたのむがごとく、みめかたち《形容》よき人、べに《紅》しろいもの

をつくるがごとく、法華経には信心をいたさせ給へ。さなくしては後悔あるべし云云。（御書一三六一ページ一二行目）

この御文は、テキストに載せた前の二つ、つまり第六番、第七番と同じく『上野殿御返事』の一文であり、前の二つが御書の本文であるのに対して、ただいま拝読いたしました第八番は最後に追伸として記された御文であります。

本抄は、弘安二（一二七九）年四月二十日、日蓮大聖人様が御年《おんとし》五十八歳の時に、南条時光殿に賜った御書であります。

本抄の初めに、竜口《たつのくち》の頸《くび》の座と東条小松原の法難を挙げられまして、「刀杖《とうじょう》の難」すなわち刀と杖《つえ》の難に値《あ》われたことを述べられております。つまり、竜口の頸の座では、大聖人が刀で斬られようとしたのです。それから、東条の小松原の難も、やはり東条景信《かげのぶ》が大聖人様を刀で殺害しようとしたのであります。この両方の刀杖の難に値われたことを述べられておりますので、この『上野殿御返事』は別名『刀杖難事』とか『杖木書』とも称されております。

ここで出てまいります「上野殿」というのは、南条時光殿のことであります。南条殿につきましては前回もお話しいたしましたが、本日はまた、新たな方々でありますので申し上げますと、南条時光殿は総本山大石寺の開基檀那であります。

上野殿とおっしゃっておりますが、総本山があるこの場所は、現在は静岡県富士宮市でありますが、昔は富士郡上野村と言っておりました。皆さんも、よく御親戚の方々を呼ぶときに、巣鴨のおじさんとか静岡のおばさんなどと、土地の名前を取って言うでしょう。ですから、南条時光殿も住んでいる土地にちなんで、上野殿と呼ばれていたのであります。

今では、上野という地名は住所から取れてしまいましたが、上野小学校や上野中学校などと、名前は色々なところに残っております。だんだんと地名が変わっていくと、そのうち上野殿とはどういう意味か解らなくなってしまうかも知れませんが、とにかく、昔はこの辺りを上野と呼んでおりましたので、大聖人様も上野殿とおっしゃっているわけです。

正規の名前は南条兵衛《ひょうえ》七郎次郎平《たいらの》時光と言い、また法名を大行《だいぎょう》と言ったのでありますす。南条時光殿のお父さんの名前は南条兵衛七郎で、法名は行増《ぎょうぞう》と言います。その二男であったので、南条兵衛七郎次郎と言うのです。

昔は、このような名前の付け方をしたのでありまして、長男は太郎、二男は次郎、三男は三郎というように、名前を聞けば、だいたいは何番目の子供かが判るような意味がありました。

つまり、時光殿にはお兄さんがおられまして、このお兄さんは南条兵衛七郎太郎と言います。この方は十八歳の時に水死してしまうのですが、お兄さんが亡くなったあと、時光殿は若くして総領となり、上野郷の地頭職を継いだのであります。

ちなみに、一番上のお姉さんは第三祖日目上人のお母さんであります。そして、もう一人の姉は、富士郡重須《おもす》（現在の富士宮市北山）の地頭であった石川新兵衛宗忠《むねただ》に嫁《とつ》いでおられます。そのように深い縁故があったのであります。時光殿は、幼いころから大聖人様に帰依し、また日興上人を師兄《しけい》と仰ぎ慕《した》って、純真な信心に励んでおりました。

特に熱原法難に際しましては、時光殿は信者の中心として活躍し、多くの僧俗を助け、外護の任を果たしました。

『上野賢人殿御返事』（上野殿御返事・御書一四二七ジペー）という御書がありますが、その宛名書きの脇には、

「此はあつわらの事のありがたさに申す御返事なり」（御書一四二八ジペー）

と、大聖人様がお認《したた》めになっております。つまり、南条時光殿が熱原法難の時に多くの方々を護られたことは、本当に有り難いという意味で、「此はあつわらの事のありがたさに申す御返事なり」と認められているのであります。そして、大聖人様は南条時光殿を、

「上野賢人」（同ページ）

と称賛されております。

また、時光殿の奥さんの法名を「妙蓮」と言いますが、時光殿は妙蓮と共にたくさんの御供養をしておりまして、熱原の法難のあとも、幕府の弾圧が続き、生活も非常に厳しいなか、多くの子供を育てながら、大聖人様や日興上人に御供養を続けられたのであります。

また、日興上人が身延を離山された時には、時光殿は進んで自領である上野の地にお迎えし、大石ガ原を寄進して、今日の大石寺の基礎を作ったのであります。

このように南条時光殿は、権力や迫害にも屈せず、大法広布のために信心を貫いた方でありまして、まさに信徒の鑑《かがみ》とされている方であります。そのことは、大聖人様から三十数通もの御書を頂戴していることからも判るのであります。

特に、総本山におきましては毎年五月一日の南条時光殿の祥月命日に、客殿において「大行会《だいぎょうえ》」を修したあと、総本山としてお墓参りをしております。これは今日まで、ずっと続いていることであり、それだけ時光殿の功績は、たいへん大きなものがあったのであります。

さて、ただいま拝読いたしました御書でありますけれども、まず、その冒頭を見ますと、大聖人様がこれまで値われた法難のなかで、竜口の頚の座と、東条小松原の法難ほどの大難はないと仰せです。つまり、大聖人様は色々な難をお受けあそばされましたけれども、命を捨てるほどの大きな難がこれらであったと仰せられているのです。

つまり、竜口の法難というのは、文永八（一二七一）年九月十二日に、大聖人様が鎌倉の竜口の頚の座で斬首刑に処せられようとした事件であります。

その法難の発端は何かと言いますと、これは、大聖人様との祈雨《きう》の勝負に負けた極楽寺良観が、幕府の要人やその奥さん方に取り入って、様々な画策をしたのであります。そして、これを受けて平左衛門尉頼綱《よりつな》が、武装した数百人の兵を連れて大聖人様がおられる松葉ヶ谷《やつ》の草庵《そうあん》を襲い、大聖人様を捕らえたのであります。この時に同行した平左衛門の家臣に少輔房《しょう》という者がおりまして、これが大聖人様の懐中から法華経の第五の巻を奪い取り、その経巻で大聖人様の頭《こうべ》を三度にわたって打ち据《す》えたということであります。

この第五の巻には、末法に法華経を弘通するならば刀杖の難に値うことが説かれている勧持品第十三が収められているのです。

御承知のように法華経は、巻子本《かんす》と言いまして、巻物にすると全部で八巻あるのです。そのうちの第五の巻に勧持品が入っており、そこに三類の強敵《ごうてき》による迫害が説かれているのですが、この第五の巻をもって大聖人様の頭を打ち据えたのであります。

まさに、末法に法華経を弘通するならば刀杖の難に値うと説かれている勧持品の巻軸で頭を打たれたことによって、大聖人様は身をもって法華経の経文を実証されたのでありまして、大聖人様も、この難によって、まさしく法華経を身読《しんどく》した、法華経を身体で読んだとおっしゃっているのであります。

さて松葉ヶ谷の法難のあと、大聖人様の身柄《みがら》は一時、北条宣時《のぶとき》の館に預けられまして、幕府は全くなんの取り調べもないまま、深夜、隠密裏に竜口の刑場に連れ出して、大聖人様の頚を斬ろうとしたわけであります。

その途中、大聖人様は鶴岡八幡宮の前で立ち止まられ、八幡大菩薩に対して「法華経の行者を、なぜ守護しないのかと」と叱咤《しった》されたのであります。そのあと、大聖人様は四条金吾の所へ使いを走らせて、急を知らせたのであります。それを聞いて駆けつけた四条金吾は、殉死の覚悟で大聖人様のお供をしたのであります。

そして、刑場に着かれた大聖人様は悠然と題目を唱えて、頚の座に着いたのであります。しかし、まさに役人が大聖人様の頚を斬ろうとした時に、江ノ島の方より光りたる物が飛んできたのです。

この光りたる物が何かというと、大聖人様は、日・月・衆星の三光天子のうちの月光天子であると示されております。この月光天子が、まさに太刀《たち》取りが大聖人様の頚を刎《は》ねようとした時に現れて、結局、太刀取りは大聖人様の頚を斬ることができなかったのです。多くの者はひれ伏し、馬から落ちる者、遠ざかる者等もいたのであり、このことは『種々御振舞御書』（御書一〇五九ジー）に詳しく出ておりますから、お帰りになったら、是非、拝読しておいてください。

そのようにして大聖人様は難を逃《のが》れたのでありますが、これはまさに大聖人様が八幡宮へ立ち寄って、「今まさに法華経の行者が難に値わんとしている時に何をしておるのだ」と諸天善神を叱咤したことにより、三光天子のなかの月光天子が現れて、大聖人様を守護せられたということなのです。

そのあと、大聖人様は依智（現在の神奈川県厚木市）の本間六郎左衛門の屋敷に預けられ、佐渡に配流《はいる》されたのであります。

もう一つ忘れてはならないことは、竜口の法難というのは、実は御法門・御法義の上からも大事な意味がありまして、『開目抄』に、

「日蓮といゐし者は、去年九月十二日子丑《ねうし》の時に頚はねられぬ。此《これ》は魂魄《こんぱく》佐土の国にいたりて、返る年の二月雪中にしるして、有縁の弟子へをく《送》れば、をそ《怖》ろしくてをそろ《恐怖》しからず。み《見》ん人、いかにをぢ《怖》ぬらむ」

（同五六三ページ）

とおっしゃっております。これはすなわち、発迹顕本あそばされたということでありまして、ここに「魂魄」と仰せられた意味は、久遠元初自受用身としての魂魄であり、大聖人様はこの竜口の法難において、凡夫としての迹を発《はら》って、久遠元初自受用身の本仏としての御境地を顕されたのであります。

それから、もう一つ挙げられている小松原の法難は、文永元（一二六四）年の秋に大聖人様のお母様が危篤になられ、その知らせを受けた大聖人様は、十二年ぶりに故郷の安房《あわ》（現在の千葉県）にお帰りになるのであります。

大聖人様は、まさに母君が臨終の状態にあったところへ帰られると、当病平癒の御祈念をあそばされたわけです。そして『可延定業御書』に、

「日蓮悲母《はは》をい《祈》のりて候ひしかば、現身に病をいやすのみならず、四箇年の寿命をの《延》べたり」（同七六〇ページ）

とおっしゃっておりますように、大聖人様の御祈念によってお母様が病を快復し、そのあと四カ年の寿命を延べられたのであります。

その後も大聖人様は安房の地に留まって、妙法弘通に専念されていたのでありますが、大聖人様の帰郷を聞いた篤信の信徒で天津《あまつ》の領主である工藤吉隆殿が、大聖人様を我が家にもと来臨を請うたのであります。そこで、大聖人様は十一月十一日に、十数人のお供を連れて工藤殿の館に向かわれたのでありますが、これを知った地頭の東条景信が襲ってきたのです。

この東条景信は、大聖人様が初転法輪、つまり南無妙法蓮華経と清澄寺で初めて唱えられた時に、怒り心頭に発して大聖人様に襲い掛かろうとした者で

す。景信は念仏者で、大聖人様を念仏の敵と思っておりましたから、かねがね大聖人様に対して恨みを持っていたのです。そこに、大聖人様が安房に来られて、工藤の館に来るということを聞きつけたことから、大聖人様の一行を襲ったわけであります。

すなわち、夕刻になって大聖人様の一行が小松原に通り掛かった時、武器を持った数百人の念仏者を率いて、東条景信が大聖人様の一行を襲ったのであります。大聖人様の弟子達も、すぐさまそれに応じましたが、多勢に無勢でありまして、弟子の鏡忍房、それから工藤吉隆殿が殉死したと言われております。また、大聖人様御自身も東条景信の太刀によって右の額に深手の傷を負われ、さらに左手を打ち折られるという、まさに命に及ぶ大難を被《こうむ》られたわけであります。

この時の様子について『南条兵衛七郎殿御書』には、

「十一月十一日、安房国東条の松原と申す大路《おおじ》にして、申酉《さるとり》の時、数百人の念仏等にまち待《》かけられ候ひて、日蓮は唯《ただ》一人、十人ばかり、ものゝ要にあ合《》ふものわ僅《》づかに三四人なり。い射《》る矢《》はふ降《》る雨《》のごとし、う討《》つた太刀《》ちはい雷《》なづまのごとし。弟子一人は当座にうちとられ、二人は大事の手《》てにて候。自身もき斬《》られ、打たれ、結句にて候ひし程に云云」（同三二六ジペー）

とおっしゃっておりまして、この時に東条景信より被《こうむ》った傷が残ったということであります。

さらに『上野殿御返事』を見ますと、法華経の第五の巻で大聖人様を打擲《ちょうちゃく》した少輔房について、

「ついには日蓮にあひて仏果をうべきか」（同一三五九ジペー）

と仰せられております。つまり、大聖人様に対して打擲したその者が、のちのちには仏果を得る、すなわち成仏するだろうとおっしゃっているのです。

これは非常に大事なことでありまして、このことにつきましては、この御書のなかに、法華経を踏みつけた女人が、逆縁によって救われたことを示されて

おります。つまり、どういうことかと言いますと、妙法蓮華経に縁した因縁によって救われるのだから、順縁・逆縁とありますが、順縁の人は当然ながら、逆縁の人もまた成仏するということをおっしゃっているのです。

御書のなかには、このように書かれております。

「天竺《てんじく》に嫉妬《しっと》の女人あり。男をにくむ故に、家内の物をことごとく打ちやぶり、其《そ》の上にあまりの腹立《はらだち》にや、すがた《姿》け《気》しき《色》かわり、眼は日月の光のごとくかがやき、くちは炎をはくがごとし。すがたは青鬼・赤鬼のごとくにて、年来《としごろ》男のよみ奉る法華経の第五の巻をとり、両の足にてさむざむ《散散》にふみける。其の後《のち》命つきて地獄にをつ《堕》。両の足ばかり地獄にいら《入》ず。獄卒《ごくそつ》鉄杖をもってうてどもいらず。是は法華経をふみし逆縁の功徳による」

（同一三五八㌻）

と仰せです。

解りやすく言うと、インドに住む嫉妬深い女の人がいて、亭主を憎むばかりに家中の物をすべて壊し、そのうち亭主が読む法華経をも憎くなって、その法華経を足蹴《あしげ》にしてしまうのです。そして、その女人は亡くなると当然、地獄に堕ちるのだけれども、法華経を足蹴にしたその足だけは、いくら獄卒が地獄に堕とそうとしても堕ちなかった、という話です。これが、まさしく逆縁の功徳なのです。

よく「縁なき衆生は度し難し」と言いますように、縁に触れるということが非常に大事であり、このことをここにおっしゃっているのです。

これは、私達の折伏にも非常に参考になります。とかく折伏というと、「あの人は言ってもだめだ」などと勝手に決めて、折伏をしない例があるのだけれども、それではいけないのです。逆縁でも成仏するのですから、何しろ「日蓮大聖人様の仏法は正しい」ということを多くの人に下種していく必要があるのです。

たとえ、その時に相手が反対しようが、それがまた逆に縁となって、のちのちに入信するに至ることがあり、さらに成仏していけるわけです。法華経を足蹴にした足だけが地獄に入らなかったというのは、そのことを示しているのです。

ですから折伏とは、それこそ縁のある方、多くの人に、大聖人様の仏法の正しさを伝えていくということです。そのためには、色々なことがあります。しかし、それがまた一つの大きな縁になるのです。

実際に、そういったケースがありました。私が法道院にいた時に聞いた話でありますけれども、折伏して十年ぐらい経ってから、突然その人がお寺に来た、という話がありました。そういうものなのです。ですから、私達が凡智凡眼でもって勝手に「あの人は、いくら折伏してもだめだ」と決めてしまう人がいるとすれば、それは間違いです。どんな人にでも、堂々と話をすべきです。

これもいつも私が申し上げていることだけれども、先年、台湾に行った時に、台湾で現地の方が私達を総統府へ案内してくれたことがありました。その時に、現地の局長さんがわざわざお出迎えくださりまして、私ともお話をしたわけです。私も御礼を申し上げて、そして次に私はほかの方とお話ししているときに、台湾の女性のメンバーの方がその局長さんと一生懸命に話をしているのです。私がそばの人に「あの方々は何を話しているのですか」と聞きましたら、その女性が局長さんを、その場で折伏していると言うのです。

私は、台湾の折伏のパワーのすごさを感じました。チャンスと見れば、どんな所であろうと、あるいはまた相手がどういう方であろうと、けっして非常識に行うのではなくして、そういうチャンスがあれば、ちゃんと折伏しているのであります。私と話をしたそのあとに、そのように折伏をしている。なるほど、折伏というのはそうでなければならないと感じました。

しかし、だめなケースというのは、自分で勝手に判断してしまうのです。あの人はだめだと決めつけて、折伏をしない。それではだめです。どんな人にでも、チャンスがあれば下種結縁していくことが大事です。今言った、法華経を足蹴にした縁で成仏できたという話のように、本当に大きな逆縁成仏の功徳があるのですから、これから折伏するに当たっては、こういったことを一人ひとりがしっかりと心掛けて行じていくべきだと思います。

さて、御書ではこのあと、第五の巻に収められている各品の内容について、その意義を述べられております。

まず、提婆達多品にある提婆達多と竜女の成仏について触れられて、

「逆順ともに成仏を期《ご》すべきなり。是《これ》提婆品の意なり」（同一三六〇㌻）

と仰せられて、五濁《じょく》乱漫の末法の衆生が救われる法理を、ここで示されているのであります。つまり、順逆二縁共に救っていくということであります。

次に、勧持品について触れられて、同品に説かれている刀杖の難に関して、過去の聖人などの例を引かれ、法華経の第五の巻の勧持品を身口意の三業で読み、実践したのは、日蓮大聖人様ただ一人であると断言されております。

そして、次の涌出品については、大聖人様こそが上行菩薩等のなすべき末法

の妙法弘通を実践していることを述べられております。

少し長くなりましたが、以上がこの『上野殿御返事』の内容であります。

それでは、本文に入ります。

まず**「かつへ《飢》て食《じき》をねがひ、渇《かつ》して水をしたうがごとく、恋《こ》ひて人を見たきがごとく、病にくすりをたのむがごとく、みめかたち《形容》よき人、べに《紅》しろいものをつくるがごとく、法華経には信心をいたさせ給へ。さなくしては後悔あるべし云云」**とあります。先程も言いましたように、テキストに載せた第六番と第七番が『上野殿御返事』の本文であるのに対し、この御文は同抄の追伸であります。

通釈しますと「飢《う》えた時に食べ物を求め、喉《のど》が渇《かわ》いた時には水をほしがるように、恋しい人を見たいように、病気の時には薬を頼むように、美しい人が紅《べに》や白粉《おしろい》をつけるように、法華経の信心をしていきなさい。そうでなければ後悔することになるでしょう」とおっしゃっておりまして、これは信心の在り方について、譬えをもって解りやすく説かれております。

つまり、ある時だけ、むやみに力《りき》んで信心をするけれども、それが過ぎればパッと信心をやめてしまうような信心ではいけませんよということで、滔々《とうとう》として絶えることなく持続していく信心、御本尊に対する絶対的確信からおのずと出てくる一途な求道心《ぐどうしん》が大事であることを、ここではおっしゃっているのであります。

我々の信心を、よく「火の信心」と「水の信心」に譬えますね。これは『御講聞書』に、

「仰せに云はく、総じて此の経を信じ奉る人に水火の不同有り。其《そ》の故は火の如きの行者は多く、水の如きの行者は希《まれ》なり。火の如しとは、此の経のいわれを聞きて火炎のもえ立つが如く、貴く殊勝《しゅしょう》に思ひて信ずれ共《ども》、軈《やが》て消え失ふ。此《これ》は当座は大信心と見えたれ共、其の信心の灯《ともしび》消ゆる事やすし。さて水の如きの行者と申すは、水は昼夜不退に流るゝなり。少しもや

む事なし。其の如く法華経を信ずるを水の行者とは申すなり」

（同一八五六ジペー）

とあるように、我々の信心は、まさに滔々と流れて、やむことなき不退の信心が肝要であります。

何かに奮起して、火が燃え立つように一生懸命、頑張ったかと思えば、少しすると火が消えたように何もしなくなる。そういう信心ではだめだ、とおっしゃっているのです。

とはいえ、爆発することのない信心もまた、これはだめなのです。つまり、眠ったままの信心であったり、折伏しているのか、していないのかも判らないような、そういうダラダラした信心では話にならないのであります。ですから、そこのところは、しっかりメリハリをつけて、信心をしていく必要があるのであります。

また『妙一尼御前御返事』には、

「夫《それ》信心と申すは別にはこれなく候。妻のをとこ《夫》をおしむが如く、をとこの妻に命をすつるが如く、親の子をすてざるが如く、子の母にはなれざるが如くに、法華経・釈迦・多宝・十方の諸仏菩薩・諸天善神等に信を入れ奉りて、南無妙法蓮華経と唱へたてまつるを信心とは申し候なり。しかのみならず『正直捨方便、不受余経一偈《げ》』の経文を、女のかゞみ《鏡》をすてざるが如く、男の刀をさすが如く、すこしもすつる《捨》心なく案じ給ふべく候」

（同一四六七ページ）

と仰せになっております。

つまり、我々の日常の生活のなかで、信心が特別な形で存在しているのではなく、ごく自然な形で生活のなかに溶け込んでいる状態が大事なのです。ですから朝、起きたら勤行を習慣として、ごく自然に行うことができるか。また、学校とか会社から帰った時には、まず御本尊様の前に座り、南無妙法蓮華経とお題目を唱えて御挨拶をすることが、生活のなかで習慣として行えるか。

朝夕の勤行をはじめ、家を出る時や帰ってきた時に、まず御本尊様に手を合わせて「行《い》ってまいります」とか「ただいま帰りました」と御挨拶をする。それが生活のなかに、自然に溶け込んでいることが大事だと、ここでおっしゃっているのです。

ごく自然な形で御本尊様を渇仰していく信心、これが極めて大事なのです。もちろん、燃え立つことがない信心でも困るのだけれども、そのように生活と同化した信心をしていくことが、たいへん大事だということであります。

よって大聖人様は、ここで「女のかゞみをすてざるが如く、男の刀をさすが如く、すこしもすつる心なく案じ給ふべく候」と、我々の信心の姿勢をかくあるべきであると御教示あそばされているわけでありますから、このことを我々は、普段の信心のなかで重々、心掛けていくべきであろうと思うのであります。

次に、テキストの九番目に入ります。

9 上野殿御返事
法華経は草木《そうもく》を仏となし給ふ。いわうや心あらん人をや。法華経は焼種《しょうしゅ》の二乗を仏となし給ふ。いわうや生種《しょうしゅ》の人をや。法華経は一闡提《いっせんだい》を仏となし給ふ。いわうや信ずるものをや。（御書一三八〇ジペー一行目）

この九番目の『上野殿御返事』は、先程の『上野殿御返事』とは別の御書であります。

この『上野殿御返事』は、弘安二（一二七九）年八月八日、大聖人様の御年《おんとし》五十八歳の時に、同じように南条時光殿へ送られた御書でありまして、お金、塩、芋《いも》などを御供養されたことへの御礼の返書であります。そのなかでは、御供養の品々《しなじな》が、身延の山中にお住まいの大聖人様にとって、いかに大切な物かを教えられ、その功徳によって時光殿は成仏すること疑いないと説かれております。

さて、この御文の少し前に、

「釈まなんと申せし人のたな心には石変じて珠《たま》となる。金《こん》ぞく王は沙《いさご》を金《こがね》となせり」（御書一三八〇ジペー）

と仰せられています。すなわち、石を宝石に変えた釈摩男、あるいは砂を黄金《こがね》に変えた金粟王の譬えを挙げられて、法華経は草木などの非情や、成仏の種子を焼いてしまったとされる二乗、さらには仏法に縁なき一闡提をも成仏させるとおっしゃっております。

なかでも、一闡提というのは断善根、善根を断《た》ってしまった人という意味で、絶対に成仏しないと言われている人達です。あるいは「信不具足」とも訳し、正法を信ぜず、しかも、もともと悟りを求める心がないような人達で、成仏する機縁を持たない衆生を一闡提と言うのです。しかし、この不信の固まりのような衆生ですら成仏させる力が、この妙法にはあることをお示しなのであります。

それと同時に、草木と異なって心があり、あるいは二乗と違って成仏の種子を有し、しかも一闡提と異なって法華経を熱心に信じているあなたは必ず成仏をいたしますよと、大聖人様はおっしゃっているのです。

我々も皆、そうなのです。我々は二乗ではありません。一闡提人でもないですね。ですから、我々は必ず成仏できる。ただし、

「御信心により候べし」（同一五一九ページ）

ですから、信心が弱くなってしまってはだめです。信心が強盛《ごうじょう》であれば、すべての人は、どんな人でも必ず成仏をするのです。

すべての方々に仏性があります。「一切衆生悉有《しつう》仏性」といって、どんな人でも必ず仏性があるのです。ですから、仏性がある限り、この御本尊様の縁に触れれば成仏できるのです。しかし、この縁に触れなければ、どんなに仏性が

あるといっても、その仏性が仏性としての用《はたら》きをしないから、成仏はできません。だから、一切衆生悉有仏性ということに安心していてはだめなのです。やはり、大聖人様の御本懐たる本門戒壇の大御本尊の縁に触れてこそ、仏性が仏性として開かれていくのであり、このことが大切なのです。そして、その縁を結んでいくのが下種折伏です。

だから、どんな人でも救っていけます。もともと衆生には仏性があるのですから、あとは、この御本尊様と縁を結ぶ、結縁すればいいのです。それが我々の折伏です。一人ひとりの折伏は地道な戦いであるかも知れませんが、それが大きな力になるということを、よく御承知いただきたいと思います。

また、ここに挙げられている草木成仏とか二乗作仏、あるいは一闡提成仏ということは、爾前経では全く説かれていない教えです。だいたい爾前経では、草や木は絶対に成仏をしないと言われました。あるいはまた、二乗は絶対に成仏をしない。先程言った一闡提人も、絶対に成仏しないと言われてきました。

それが、法華経で初めて成仏が許されたのです。ここに、法華経の功徳力の大きさが示されているのであります。

さて、草木成仏とは何かと言いますと、草木や国土などの非情、つまり草や石ころなどには心がないと世間の人は考えておりますが、それらの非情も成仏するということを、法華経では説いているのです。これはまことにすごいことでありまして、その草木成仏の実義は何から起きているかと言えば、一念三千の法門によるのであります。

つまり一念三千は、十界が互具して百界、その百界に十如是が具わって千如是、その千如是の一々に、五陰《おん》世間・衆生世間・国土世間の三世間が具わって三千という法数を成ずるわけですが、このうち五陰世間と衆生世間はまだ解りますが、国土世間もまた、この一念三千のなかに入っているのです。これが法華経における極めて大事な御法門でありまして、『総在一念抄』にも、

「此の一念三千の不思議は国土世間に三千を具するが故に、草木瓦石《がしゃく》も皆

本有《ほんぬ》の三千を具して円満の覚体なり」（同一一三ジペー）と仰せられ、草や木も、あるいは瓦や石も全部、本有の三千を具していて円満の覚体であると、すなわち成仏することができるとおっしゃっています。つまり、有情と、非情の草木国土との互具互融が明かされ、非情の草木国土も有情と同じように成仏をする、つまり有情の成仏は即、非情の成仏になるとおっしゃっているのであります。

ですから『草木成仏口決』には、

「我等一身の上には有情非情具足せり。爪と髪とは非情なり、きる《切》にもいたま《痛》ず、其の外《ほか》は有情なれば切るにもいたみ、くるしむなり。一身所具の有情非情なり」（同五二三ジペー）

と仰せられ、我々自身の身体のなかに有情と非情の両方があると示されております。つまり、爪や髪の毛といったものは、切っても痛くはないから非情に属し、肌などは、つねれば痛いし、切ったら血が出てきますから、これは有情だと仰せられているのであります。

さらに、妙楽大師は『金剛錍《べい》論』に、華厳の澄観が立てた、非情には仏性がないとの説を破折して、

「一草・一木・一礫《りやく》・一塵《じん》、各一《おのおの》仏性・各一因果あり縁了を具足す」

（同六四六ページ等）

と示され、どんなものにも必ず仏性は存在することを、はっきりとおっしゃっているのであります。

さらに、このことを日寛上人は『観心本尊抄文段』に、

「この妙楽大師の文は『性得《しょうとく》の三因仏性』を示しており、『各一仏性』とは正因仏性を指し、一念三千即中《そくちゅう》の辺をもって正因仏性と名づけるのである。この三千即中の正因仏性の体《たい》において、三千即空《くう》・三千即仮《け》の用《ゆう》を具足するが故に、三千即仮は縁因仏性を、三千即空は了因仏性を顕しているのである」（御書文段二一三ページ取意）

と御指南されております。

つまり、一本の草、一本の木、一つの礫《つぶて》、一つの塵など、すべてのものに皆ことごとく仏性が具わっており、仏性は有情・非情にわたっているのだと説かれているのです。すなわち非情も、有情と同様に成仏するとおっしゃっているのであります。

ですから、天台大師は『摩訶止観』に、

「一色《しき》一香も中道に非《あら》ざること無し（一色一香無非中道）」

（止観会本上五五五㌻）

と仰せであります。この「一色一香」とは法界全体、あるいは森羅万象すべてという意味ですが、それらは皆、中道にあらざることなし、すなわち仏道にあらざるものなしと仰せられているのであります。つまり、どんなものでも必ず成仏するとおっしゃっているのです。

「三因仏性」について申しますと、まず正因仏性というのは、一切衆生が本然的に具えている仏性のことで、法性《ほっしょう》とか真如と表現されるものであります。また了因仏性とは、法性・真如の理を照らし顕す智慧のことであり、縁因仏性とは、了因仏性を縁助して正因仏性を開発していくところの、すべての善行を言います。まさに、すべてのものに仏性があるのであり、草木も成仏をすることを説かれているのです。

ですから、先程も言ったように、私達の身体でも、顔をつねれば痛い、これは有情です。髪の毛は切っても痛くない、これは非情ということです。そのように、我々の身体は有情と非情の両方が凝縮して存在しているのであり、宇宙法界もまた、そういう関係にあるということです。

また、二乗作仏ということでありますが、これは法華経に来て初めて明かされる御法門です。

爾前権経では「焼種の二乗」と言われておりました。どんな植物でも、種を焼いてしまえば、それを蒔《ま》いても芽は出ません。そのように、二乗は仏性の種子を焼いてしまったような存在だから永久に成仏できないと言われ、嫌われてきたのであります。ところが、法華経においては十界互具一念三千の御法門が説かれて、二乗も成仏できることが明かされたのです。

故に『聖愚問答抄』には、

「一代聖教《しょうぎょう》の骨髄たる二乗作仏・久遠実成は今経に限れり」

（御書三九四ジペー）

というお言葉があります。つまり、法華経に来て初めて、二乗作仏が明かされたということです。

では、この声聞・縁覚の二乗は、なぜ成仏できないとされたかというと、要するに独《ひと》りよがりで、化他がないのです。ですから、いくら法を聞いても、本当の成仏というものがないわけです。

やはり、自分だけの信心、自分だけの幸せを求める信心というのは「二乗根性」と言って、嫌われるでしょう。だから我々も、自分だけではなくして、多くの人々を救っていくことが大事で、折伏をすることによって、我々もまた救われていくのです。折伏というのは、自分の過去遠々劫《おんのんごう》の罪障を消滅して、真の幸せを掴《つか》んでいくための大切な修行なのであって、やはり一人だけの信心ではなくして、多くの人を救っていくという、その精神が絶対に必要なのです。

そもそも、仏様がなぜ、この世の中に出現せられたかというと、一人でも多くの人を救うためであります。大聖人様の御出現も、その通りです。大聖人様の御意を拝した時に、我々もまた、大聖人様と同じように、折伏逆化に努めていかなければならない。そこに本当の即身成仏、幸せになれる原理が存しているのです。

これを忘れてしまって、独りよがりで「私は毎日、何時間もお題目を唱えているから大丈夫だ」と言う人がいたとすれば、けっして大丈夫ではありませんよ。自行化他ですから、折伏をしっかりやっていくことが大事であります。もちろん、お題目を唱えていれば、何もしない人よりはいいです。けれども、それだけでは、やはり大聖人様のお心にはかなわないのです。

大聖人様は常々、自行化他ということをおっしゃっております。『三大秘法抄』にも、

「正法には天親菩薩・竜樹菩薩、題目を唱へさせ給ひしかども、自行計りにして唱へてさて止《や》みぬ。像法には南岳・天台等は南無妙法蓮華経と唱へ給ひて、自行の為にして広く化他の為に説かず。是理行の題目なり」

（同一五九四ジペー）

と仰せのように、自行だけのお題目ではいけません。やはり、化他行をしていかなければ、だめなのです。多くの人を救っていくということは、また自分自身の自行にも役に立っていくのです。

先程の御書にも、二乗作仏と久遠実成は「一代聖教の骨髄」であるとおっしゃっているわけですから、どんな人でも救っていくことが大事であります。

それから、一闡提成仏とは一闡提が成仏をするということでありますけれど

も、この一闡提とは、解脱の因を欠き、正法を信ぜず、また悟りを求める心がなく、成仏する機縁を全く持たない衆生を言います。けれども、その極悪の衆生も、二乗の人達と同じように、この法華経において救われることが説かれているのであります。

つまり、法華経において初めて十界皆成《かいじょう》が説かれ、地獄の衆生も、餓鬼の衆生も、すべての衆生が成仏すると初めて説かれたのです。もちろん、そのなかには二乗も含まれますし、一闡提人も含まれます。ですから、この御文から拝せられることは、まさしく、この妙法蓮華経の功徳力は、まことに大なるものがあるということです。

このように、妙法には大きな功徳があるわけですから、あとは我々が信力・行力を存分に発揮し、我々も成仏をしていくことが大事であります。

次に、十番目の御文を拝読します。

10　日女御前御返事

此の御本尊も只《ただ》信心の二字にをさまれり。以信得入とは是《これ》なり。日蓮が弟子檀那等「正直捨方便」「不受余経一偈」と無二《むに》に信ずる故によ《因》て、此の御本尊の宝塔の中へ入《い》るべきなり。たのもしたのもし。如何《いか》にも後生をたし《嗜》なみ給ふべし、たしなみ給ふべし。穴賢《あなかしこ》。南無妙法蓮華経とばかり唱へて仏になるべき事尤《もっと》も大切なり。信心の厚薄《こうはく》によるべきなり。仏法の根本は信を以て源とす。されば止観の四に云はく「仏法は海の如し、唯《ただ》信のみ能《よ》く入る」と。弘決《ぐけつ》の四に云はく「仏法は海の如し、唯信のみ能く入るとは、孔丘《こうきゅう》の言尚《ことばなお》信を首《はじめ》と為《な》す、況《いわ》んや仏法の深理《じんり》をや。信無くして寧《むし》ろ入らんや。故に華厳に信を道の元、功徳の母と為す」等。

（御書一三八八ページ一三行目）

この『日女御前御返事』は、弘安二（一二七九）年八月二十三日、大聖人様が御年五十八歳の時に、日女御前に与えられた御書であります。日女御前への賜書《ししょ》は二通ありますが、もう一通は弘安元年六月二十五日の御書であります。

この日女御前については諸説がありまして、池上氏の妻であるとも、松野後家尼の娘であるとも言われておりますが、詳細は不明であります。

ただし、賜書の内容から見ますと、御本尊供養のために種々の御供養を行い、また法華経二十八品の品々《ほんぽん》ごとの供養を願うなど、信心強盛な人であった様子がうかがえます。また、大聖人様から御本尊の相貌《そうみょう》を明かされまして、法華経要品《ようほん》の義を教示されていることからも、身分・学識があり、信心強盛な婦人であったと思われます。

本抄は、まず日女御前からの御供養についてお礼を述べられたあと、大聖人様の御本尊について、まず正像末に未曽有の御本尊であることを述べられ、次に所説の経と顕現の時期、および能顕の人《にん》とを挙げて御本尊の相貌を示し、続

いて経釈を挙げてその義を示され、御本尊供養の功徳、ならびに御本尊の住処とその意義を明かされまして、

「此の御本尊も只《ただ》信心の二字にをさまれり。以信得入とは是《これ》なり」

（御書一三八八㌻）

と、成仏の要諦は「信」であることを説かれ、最後に「五種の妙行」を挙げて本抄を結ばれております。

この御書は、お帰りになりましたならば、ここに挙げた御文だけではなくして、是非、全編を通して、よく拝読しておいていただきたいと思います。

それでは、本文に入ります。

初めに**「此の御本尊も只《ただ》信心の二字にをさまれり。以信得入とは是《これ》なり」**とお示しであります。

「以信得入」というのは、法華経譬喩品の御文であります。すなわち、譬喩品に、

「汝《なんじ》舎利弗　尚《なお》此の経に於ては　信を以て入《い》ることを得たり　況《いわ》んや余の声聞をや　其の余の声聞も　仏語を信ずるが故に　此の経に随順す　己《おの》が智分《ちぶん》に非《あら》ず」（法華経一七四㌻）

とあります。つまり、智慧第一と言われた舎利弗でさえも信によって得道したことを挙げて、ただ信のみが仏道修行の要諦であり、一切衆生はことごとく、信をもって成仏することができると説かれているのであります。

『御義口伝』に、

「信は智慧の因にして名字即なり。信の外《ほか》に解《げ》無く、解の外に信無し。信の一字を以て妙覚の種子と定めたり」（御書一七三八㌻）

とお示しのように、智慧の因は信であり、信を貫いてこそ、成仏することができると説かれているのであります。

さらに『法蓮抄』には、

「信なくして此の経を行ぜんは手なくして宝山に入り、足なくして千里の

道を企《くわだ》つるがごとし」（同八一四ページ）

と仰せられております。

同じような御文としては、『四信五品抄』に、

「問ふ、其の義を知らざる人唯《ただ》南無妙法蓮華経と唱へて解義《げぎ》の功徳を具《ぐ》するや不《いな》や。答ふ、小児乳《ちち》を含むに其の味を知らずとも自然《じねん》に身を益《やく》す。耆婆《ぎば》が妙薬誰か弁《わきま》へて之《これ》を服せん。水心《こころ》無けれども火を消し火物《もの》を焼く、豈《あに》覚《さと》り有らんや。竜樹・天台皆《みな》此の意なり」（同一一一四ページ）

と仰せのように、信こそが成仏得道の要諦であることを、明らかに示されているのであります。つまり、ここには耆婆の例、あるいは赤ん坊が無意識のうちに乳を飲んで、その乳によって養われていくことを挙げて、まさにこれらは自然の姿であるとお説きになっておられますように、信心もそうだということであります。

次に**「日蓮が弟子檀那等『正直捨方便』『不受余経一偈《げ》』と無二《むに》に信ずる故**

によ《因》って、此の御本尊の宝塔の中へ入《い》るべきなり。たのもしたのもし。如何《いか》にも後生をたしなみ給ふべし、たしなみ給ふべし。穴賢《あなかしこ》」とあります。

「正直捨方便」というのは、法華経方便品の御文であります。すなわち、

「正直に方便を捨てて　但《ただ》無上道を説く　菩薩是《こ》の法を聞いて　疑網《ぎもう》皆已《すで》に除く　千二百の羅漢　悉《ことごと》く亦当《またまさ》に作仏《さぶつ》すべし」（法華経一二四ページ）

とあります。すなわち、釈尊が四十余年間に説いてきた華厳、阿含、方等、般若等の経教は方便の教えであって、それらを捨てて「無上道」すなわち、実教たる一仏乗の教えを説く。菩薩達は、この一仏乗の法を聞いて皆、疑網を除き、一千二百の阿羅漢はことごとく成仏することができた、と仰せられているのであります。

また「不受余経一偈」とは、同じく法華経の譬喩品の御文であります。すなわち、

「但楽《ねが》って　大乗経典を受持して　乃至　余経の一偈をも受けず」

（同一八三ジペー）

とあるなかの「大乗経典」とは法華経であり、「余経の一偈」とは爾前権経のことです。つまり、法華経のみを信じて、それ以外の一切の経典を信じてはならない、とおっしゃっているのです。

そして「此の御本尊の宝塔の中へ入《い》るべきなり」とあるなかの「宝塔」とは、法華経の見宝塔品に説かれるところの、地より涌出《ゆじゅつ》した多宝塔のことであります。

大聖人様は『御義口伝』に、

「宝《ほう》とは五陰《おん》なり、塔とは和合なり、五陰和合するを以て宝塔と云ふなり。此の五陰和合とは妙法の五字なりと見る、是《これ》を見《けん》とは云ふなり。今日《いま》蓮等の類《たぐい》南無妙法蓮華経と唱へ奉る者は見宝塔なり」（御書一七五二ジペー）

と仰せられています。さらに『阿仏房御書』を拝しますと、

「南無妙法蓮華経ととなふるものは、我が身宝塔にして、我が身又多宝如

来なり。妙法蓮華経より外《ほか》に宝塔なきなり。法華経の題目宝塔なり、宝塔又南無妙法蓮華経なり」（同七九二㌻）

と仰せの如く、大聖人様は宝塔を御本尊として顕されたのであります。

つまり、正直に方便を捨てて、余経の一偈をも受持せず、御本尊を無二に信ずることによって、我ら自身もその御本尊の宝塔の中に入ることができると仰せられているのであります。

ですから**「南無妙法蓮華経とばかり唱へて仏になるべき事尤《もっと》も大切なり。信心の厚薄《こうはく》によるべきなり」**とおっしゃっておられますように、御本尊の宝塔には、信心がなければ入ることができません。つまり、成仏・不成仏は、ひとえに信心の厚薄によるのです。よって、信心強盛に南無妙法蓮華経とばかり唱えて、成仏を期することが肝要であると仰せなのであります。

そして**「仏法の根本は信を以て源とす。されば止観の四に云はく『仏法は海の如し、唯《ただ》信のみ能《よ》く入る』と」**とありますが、これは仏法は信を本《もと》とすることを示され、次に天台大師の『摩訶止観』の第四の「仏法は海の如し、唯信のみ能く入る」との文を挙げて、これを立証されているのであります。

これはどういうことかと言いますと、仏法の根本は信だということをおっしゃっているのでありますが、たしかに仏法は、海の如く無限の広さと深さを持っております。ですから、一見すると仏法の海には、どこからでも入れるように思ってしまいます。けれども、それは間違いで、実は、仏法の海に入るには信心という入り口しかないのだと、天台は言っているのであります。

つまり、宗教あるいは仏教から信心を取ってしまえば、それは宗教でもなく、仏教でもなく、単なる理論に過ぎないのです。単なる理論では、人々は絶対に幸せになれません。仏の教え、宗教というものは、そういうものではないのです。ですから、信心が大切なのです。

では、信心とは何かといえば、これは実践です。信心というのは理論ではなく、まさしく実践するから信心と言うのです。信心、信心と、いくら頭でっかちに言葉で言っても、それだけでは成仏できません。やはり、実践して初めて、成仏できるのです。

次は**「弘決《ぐけつ》の四に云はく『仏法は海の如し、唯信のみ能く入るとは、孔丘《こうきゅう》の言尚信《ことばなお》を首《はじめ》と為《な》す、況《いわ》んや仏法の深理《じんり》をや。信無くして寧《むし》ろ入らんや。故に華厳に信を道の元、功徳の母と為す』等」**と、先に天台大師の『摩訶止観』の文を挙げられましたが、その文を釈された妙楽大師の『摩訶止観輔行伝弘決《ぶぎょうでんぐけつ》』の文を挙げて、仏法においては信が根本であることを重ねておっしゃっているのであります。

すなわち、妙楽大師の『摩訶止観輔行伝弘決』の第四には、「『摩訶止観』に『仏法は海の如し、唯信のみ能く入る』とあるが、外道の儒教を説く孔子でさえも、信ずることを第一にしている。まして仏法の深い真理は、信がなくして、どうして入ることができようか。故に、華厳経には『信は道の元であり、功徳を産む母である』と説かれている」と仰せられているのであります。

また、当抄のこのあとの御文には、

「弘《ぐ》の一に云はく『円信と言ふは理に依《よ》って信を起こす、信を行の本《もと》と為《な》す』云云。外典《げてん》に云はく『漢王臣《しん》の説を信ぜしかば河上《かじょう》の波忽《たちま》ちに氷《こお》り、李広《りこう》父の讐《あだ》なりと思ひしかば草中の石羽《はね》を飲む』と云へり。所詮天台・妙楽の釈分明《ふんみょう》に信を以て本とせり。彼《か》の漢王も疑はずして大臣のことばを信ぜしかば立つ波こほり《凍》て行くぞかし。石に矢のたつ、是又《これまた》父のかたきと思ひし信の故なり。何《いか》に況《いわ》んや仏法においてをや」（同一三八九ページ）

と仰せであります。ここには、外典の例を二つ挙げられております。

一つは、後漢の初代皇帝である光武帝が、まだ一武将であった時に、戦いに敗れて逃走するわけでありますが、敵に追われて最後、河っ淵《ぷち》まで追い詰められたのです。その河を渡らなければ敵から逃げることができないので、進退が窮まってしまったのですが、その時に臣下の王覇《おうは》が光武帝に「河が凍っている」と報告し、王もその言葉を信じたがために、河上の波はたちまち氷結して、全軍が渡ることができたのであります。

実際には、前日には河は凍っていなかったけれども、当日、行ってみたら、河が凍っていたという話です。これが外典のなかに記されているのですが、これは信ずることの強さを言っているのであります。

もう一つは、皆さん方も知っておられる李広将軍の話です。これは石虎将軍《せっこ》とも言いますが、李広将軍が虎に殺された父親の復讐《ふくしゅう》のために、草陰に隠れて虎が来るのを待っていた。そこに虎がやってきたので矢を射《い》ったところ、その矢は虎に命中した。そして、駆け寄ってみたところ、それは虎ではなく、石だったというのです。そのあと、何度かその石に矢を射ったのですが、石に矢が立つことはなかったという話です。

これは、信念力《しんねんりき》によって、なんでもできるということをおっしゃっているのであります。つまり、光武帝は臣下の言葉を疑わずに信じたために、それまで波の立っていた水面がたちまちに凍ってしまったのです。あるいは、李広将軍の石に矢が立ったのも、父の仇《かたき》と信じた一念の強さによって、いわゆる「一心、岩をも通す」ことになったのです。だから、仏法においてはなおさらのこと、強盛な信が大事であるということを、おっしゃっているわけであります。

『御義口伝』にも、

「此の本法を受持するは信の一字なり。元品《がんぽん》の無明《むみょう》を対治する利剣は信の一字なり。無疑曰《わっしん》信の釈之《これ》を思ふべし云云」（同一七六四ジ）

と仰せられております。元品の無明という煩悩の根本を打ち破るのは信しかないのであり、まさに無疑曰信、疑い無きを信と曰《い》うとある、この信の一念こそが最も大事であると、ここでお示しなのであります。

我々の信心においても、自行化他の両面にわたってそうです。

朝夕の勤行をはじめ、普段の様々な会合などでみんな、お題目を唱えますね。その時の信心の姿、御本尊様に対する無疑曰信の絶対信、この信念が必ず通ずるのです。

折伏もそうです。この人をなんとかして折伏する、この人をなんとしても幸せにするという、その一念信の強さというものが、まさに凍るはずのない河を凍らせ、立つはずのない石に矢を立てるようなことを起こすのです。

この信の強さが、我々の信心にとっては極めて大事です。この信念力をもって、本年の折伏誓願達成に向かって、是非、精進していただきたいと思います。

御承知の通り、法華講員五〇％増の期限は来年の三月八日、日興上人の御生誕の日であります。三月八日ですから、実質的に来年は一月と二月しかないわけです。ですから、残りの日数は本当に、あとわずかしかありません。

けれども、本当に全国の法華講衆が僧俗一体となって折伏に励むならば、この半年で必ず目標は達成できます。できないはずはないのです。やれば、できるのです。

「為《な》せば成る　為さねば成らぬ　何事も　成らぬは人の　為さぬなりけ

り」

とあるように、必ずできるのです。

大聖人様はなぜ、光武帝や李広将軍の故事を引かれて、凍るはずのない河が凍る、あるいは立つはずのない石にも矢が立つということをおっしゃったのか。これは、信というものがいかに尊いか、つまり我々一人ひとりが無疑曰信の信心に立って、信心強盛に努めなければならないことを、その例として示されておられるわけです。

折伏もそうです。広宣流布の戦いもそうなのです。本日、来ている四千人の方々の一人ひとりが、本当に信念力をもって戦ってごらんなさい。皆さん自身がまず、変わりますよ。そして、皆さん方の周りの人が変わりますよ。そうすれば、講中が変わります。講中が変われば、それが必ず大きな力となり、大きなうねりとなってきますよ。

皆さん方には是非、本日お帰りになったら、今日から広宣流布の戦いに参加して、広宣流布の大きなうねりの基《もと》をお作りいただきたいと、心からお願いをする次第であります。

皆さん方の御健闘を心からお祈りいたしまして、本日の講義を終了いたします。

御法主日如上人猊下御講義

信行要文 第四期

平成二十六年六月二十九日

御講義テキスト（一四ページ七行目〜一六ページ八行目）

皆さん、おはようございます。

本年度夏期講習会第四期に当たりまして、皆様方には深信《じんしん》の登山、まことに御苦労さまでございます。

恒例により、テキストに従って、御書の要文についてお話をさせていただきます。

本日は、テキスト十四ページの『寂日房御書』からお話をしてまいります。

11　寂日房御書

昨日は人の上、今日は我が身の上なり。花さけばこのみ《菓》なり、よめ《嫁》のしうとめ《姑》になる事候ぞ。信心をこた《怠》らずして南無妙法蓮華経と唱へ給ふべし。

（御書一三九四ページ一一行目）

この『寂日房御書』は弘安二（一二七九）年九月十六日、日蓮大聖人様が五十八歳の時に、寂日房を通じてある御信徒に与えられた御書であります。

本抄には、ただいま拝読した御文のほかにも、たいへん大事な内容が認《したた》められておりますので、初めにそれについて少しお話をしたいと思います。

まず、人間として生まれることはまことに稀《まれ》である上、御本尊を信受できたのは過去世の深い宿縁であることを述べられております。そして、

「日蓮は日本第一の法華経の行者なり」（御書一三九三㌻）

と述べられまして、勧持品の二十行の偈文《げもん》は、日本国のなかにはただ日蓮一人が、これを読まれたと仰せであります。

また、八十万億那由他の菩薩は、口には述べたけれども、それを修行した人は一人もいない。だから、このような不思議の日蓮を生み出せしところの父母は大果報の人である、と述べておられます。

ただいま申し上げました「二十行の偈」とは、法華経勧持品のなかに説かれる偈文のことであります。「偈」とは、仏典のなかで韻文《いんぶん》形式を用い、仏様の

徳を讃歎したり、あるいは法理を述べられたもので、四句から成《な》っているのでありあます。私達が朝夕の勤行で読誦するなかに寿量品の「自我偈」がありますが、自我偈の「偈」はこの偈文の意味です。

この偈文は、四句で一行、一つの偈となっています。例えば、自我偈の初めに、

「自我得仏来　所経諸劫数　無量百千万　億載阿僧祇」

（法華経四三九ページ）

という御文がありますが、それぞれ五字で一句となっていて、四句で一偈となるという具合です。

お経のなかには多くの偈がありまして、方便品のなかにもあります。勤行で三転読誦する十如是の御文に続いて、

「世雄《せおう》不可量　諸天及世人　一切衆生類　無能知仏者」（同九〇ページ）

から始まる「世雄偈」という偈があります。

方便品は十如是のあとも、実は長く続いておりまして、私が小僧の時はそれを勤行で読んでおりました。今は十如是までしか読みませんので、皆さんのお経本にも載っておりませんが、その世雄偈も四句で一偈となっております。同様に、勧持品に説かれる偈文も、五字で一句となっている偈文が二十行、つまり一行が四句で二十字、それが二十行ですから、四百字の偈文が説かれているのです。すなわち、

「唯願不為慮（唯《ただ》願わくは慮《うらおも》いしたもう為《べ》からず）」（同三七五㌻）

から始まって、

「発如是誓言　仏自知我心（是《かく》の如き誓言《せいごん》を発《おこ》す　仏自《みずか》ら我が心を知ろしめすらむ）」（同三七八㌻）

の御文までが二十行の偈であります。

これは、法華経の虚空会《こくうえ》において八十万億那由他の菩薩が、仏滅後に三類の強敵《ごうてき》による大難に耐えて法華経を弘通することを、異口同音に誓った御文であ

ります。

この三類の強敵とは、第一が俗衆増上慢で、法華経の行者を悪口罵詈《あっくめり》したり、あるいは刀杖《とうじょう》の難を加えたりする、仏法に無知な在俗の人々のことであります。

第二の道門増上慢とは、邪宗の僧侶のことを言い、慢心が盛んで、邪智に富んだ者達のことであります。

そして、第三が僣聖《せんしょう》増上慢と言い、表面上は聖者のように装《よそお》って社会的に尊敬を集めているけれども、内面では利欲に執し、悪心を懐いて、法華経の行者を怨嫉《おんしつ》する僧侶のことであります。大聖人様の御在世当時では、権力を利用して大聖人様を流罪あるいは死罪にしようとした極楽寺良観などが、この僣聖増上慢に当たります。

このような三類の強敵による様々な大難を忍んで法華経を弘通することを、異口同音に誓ったのが、勧持品の二十行の偈文であります。

末法今時《こんじ》におきましては、『開目抄』のなかに、

「日蓮一人これをよめり」（御書五四一㌻）

とおっしゃっておられますように、大聖人様は三類の強敵が説かれる二十行の偈を、身口意《しんくい》の三業《ごう》で読まれたのであります。例えば、小松原の法難や竜口《たつのくち》の法難、あるいは伊豆・伊東の法難など、たくさんの法難がありますが、このような未曽有《みぞう》の大難を受けながら、大聖人様は末法の御本仏としての境地を開顕あそばされたのです。ですから「日蓮一人これをよめり」と示されたように、三類の強敵を身口意の三業にわたってお読みあそばされたのは、御本仏である大聖人様お一人なのであります。

このように述べられたあと、この『寂日房御書』には、

「日蓮となのる事自解《じげ》仏乗とも云ひつべし」（同一三九三㌻）

と、日蓮大聖人様のお名乗りについておっしゃっております。

「自解仏乗」というのは、師匠から教えを受けることなく、自ら仏の境界を

悟ることを言います。そして、大聖人様は「日蓮」と名乗ることは自解仏乗であると仰せられ、日蓮とお名乗りになられた所以《ゆえん》をここで明かされているのであります。

そして、神力品の、

「日月《にちがつ》の光明《こうみょう》の　能《よ》く諸《もろもろ》の幽冥《ゆうみょう》を除くが如く　斯《こ》の人世間に行じて　能く衆生の闇《やみ》を滅す」（法華経五一六㌻）

との御文を引かれて、

「此の文の心よくよく案じさせ給へ。『斯人《しにん》行世間』の五つの文字は、上行菩薩末法の始めの五百年に出現して、南無妙法蓮華経の五字の光明をさ《指》しい《出》だして、無明煩悩の闇をてらすべしと云ふ事なり。日蓮等此の上行菩薩の御使ひとして、日本国の一切衆生に法華経をうけ《受》たも《持》てと勧めしは是《これ》なり」（御書一三九三㌻）

とおっしゃっているのであります。

つまり、神力品の「日月の光明の　能く諸の幽冥を除くが如く」というのは、太陽と月の光が種々の暗闇を照らして明るくするように、という意味であります。そして、大聖人様は「斯の人世間に行じて　能く衆生の闇を滅す」との御文こそ、末法に上行菩薩、すなわち日蓮大聖人様が出現されることを釈尊が予証されたものであり、大聖人様はその上行菩薩の再誕として末法に御出現あそばされたのであります。

もちろん、上行菩薩としてのお立場は、あくまでも外用《げゆう》のお姿であって、内証深秘《じんぴ》の辺から拝すれば、大聖人様は久遠元初自受用《じじゅゆう》報身如来の再誕であります。

このことにつきましては、総本山第二十六世日寛上人が『文底秘沈抄』に、

「若《も》し外用の浅近《せんごん》に拠《よ》れば上行の再誕日蓮なり。若し内証の深秘に拠れば本地自受用の再誕日蓮なり。故に知んぬ、本地は自受用身、垂迹は上行菩薩、顕本は日蓮なり」（六巻抄四九㌻）

と仰せられております。

すなわち大聖人様は、教相の上では上行菩薩として、たしかに法華経の神力品で釈尊から結要付嘱《けっちょう》を受けました。けれども、さらに奥深い内証深秘の上から拝すれば、法華経神力品における釈尊から上行菩薩へと付嘱せられた儀式は、本来、久遠元初自受用報身如来であられる御本仏大聖人様が、釈尊の寿量品における久遠の仏寿を開顕する時の助けとして、本化《ほんげ》の菩薩としてその姿を示され、かつまた末法弘通の付嘱を受けて末法に御出現あそばされることを予証されることにあったのであります。

よって、法華経に現れた上行菩薩は仮りの姿でありまして、久遠の本仏大聖人様が仏法付嘱の上から、過去に上行菩薩として御出現あそばされたのであります。

すなわち、今末法は、釈尊の説かれた文上の法華経では既に一切衆生の良薬《ろうやく》とはならず、久遠元初の御本仏の御出現と、その御本仏の説かれる教えによって、末法の本未有善《うぜん》の衆生の成仏得道が、初めてかなえられるのであります。

したがって『高橋入道殿御返事』には、

「末法に入りなば迦葉《かしょう》・阿難《あなん》等、文殊・弥勒菩薩等、薬王・観音等のゆづられしところの小乗経・大乗経並びに法華経は、文字はありとも衆生の病の薬とはなるべからず。所謂《いわゆる》病は重し薬はあさし。其《そ》の時上行菩薩出現して妙法蓮華経の五字を一閻浮提の一切衆生にさづくべし」

（御書八八七ページ）

と仰せられているのであります。

さらにまた『上野殿御返事』には、

「今、末法に入りぬれば余経も法華経もせん《詮》なし。但《ただ》南無妙法蓮華経なるべし」（同一二一九ページ）

と仰せであります。

要約して言いますと、釈尊より付嘱を受け、今、大聖人様が所持あそばされるところの妙法は、法華経の題号としての妙法五字ではなく、久遠の本法たる妙法五字であります。まさしく、それは三大秘法の随一、本門の本尊のことであります。

この妙法五字は、釈尊をはじめ三世諸仏の成仏得道の根本の法であり、三世にわたって一切衆生を救済する根源の法なのであります。すなわち、久遠の本法たる妙法五字というのは人即法・法即人の妙法蓮華経にして、人《にん》に約せば久遠元初自受用報身如来の再誕、末法御出現の御本仏日蓮大聖人様であり、法に約せば久遠元初の妙法そのものであります。

されば、この日蓮の弟子檀那となった上は、日蓮と同じように法華経を流布すべきであり、自身も必ず成仏すると励まされているのが、この『寂日房御書』の概略であります。

以上、『寂日房御書』の内容を簡略に申し上げた上で、先程拝読いたしました本文に入ります。

初めに**「昨日は人の上、今日は我が身の上なり。花さけばこのみ《菓》なり、よめ《嫁》のしうとめ《姑》になる事候ぞ。信心をこたら《怠》ずして南無妙法蓮華経と唱へ給ふべし」**とお示しでありますが、この御文の前を拝しますと、このようにあります。

「法華経は後生の恥を隠す衣である。法華経薬王菩薩本事品のなかには『裸者《らしゃ》が衣を得たようなものである』と記されている。この御本尊こそ、冥途《めいど》の恥を隠す衣装であるから、よくよく信心に励むべきである。夫の肌《はだ》を隠そうとしない妻がいるだろうか。子供の寒さを哀れと思わない親がいるだろうか。釈尊と法華経は、妻と親のようなものである。日蓮に供養し、身を助けてくださることは、私の今生《こんじょう》の恥を隠してくださる人だから、後生は日蓮があなたの恥を隠して差し上げましょう」

（同一三九四㌻取意）

という意味のことをおっしゃったあと、先程拝読した本文に入って「昨日は人の上、今日は我が身の上なり。花さけばこのみなり、よめのしうとめになる事候ぞ。信心をこたらずして南無妙法蓮華経と唱へ給ふべし」と仰せられているのであります。

つまり、この御文は今日《こんにち》、日蓮を供養された功徳は、後日、必ずあなたの上に還《かえ》ります。花が咲けば必ず実《み》がなり、嫁はやがて姑《しゅうとめ》になることは疑いないことである。だから、信心を怠《おこた》らずに南無妙法蓮華経と唱えれば、即身成仏は疑いないとおっしゃっているのであります。

この御文から拝せられることは、まさしく我々の信心は不断の信心、絶え間なき信心が大事であることをお教えになっているのであります。

「功徳」ということをよく言いますけれども、その功徳にふさわしい信心がなければ、功徳は頂けないのであります。何事も因果応報でありますから、因なくして果を求めても、それは無理であります。やはり、信心ということが一番の根本になってくるわけです。

皆さん方のなかには、そういう方はいないと思いますけれども、「一生懸命に信心に励んでいるけれども、なかなか功徳を頂けない」とか「御利益を頂いてない」という方がいたならば、たいてい、そういう人は一生懸命にやっていませんね。やはり、一生懸命にやっていれば、それなりの功徳というものは必ずあるのです。これはもう、因果の理法の上から歴然としているのです。ですから、そこのところを、もうひと踏ん張り、やっていくのが大事です。

例えば「やっている、やっている」と言っても、少しでも違った信心の形があると、それはだめなのです。極端な話が、折伏をしない信心、これはだめですよ。大聖人様の信心は、

「自行化他に亘《わた》りて南無妙法蓮華経なり」（同一五九五㌻）

と仰せです。だから、「私は一生懸命、お題目を唱えているのですが…」と言うだけで、折伏を忘れていてはだめですね。

これはやはり、自行と化他の二つを実践してこそ、初めて大聖人様の御意《ぎょい》に

かなうわけです。だから、自分で何が足りないのかをよく考えたら判ります。「これだけお題目を唱えているのに…」と言うのだったら、その分、また折伏をしたならば、必ず良くなります。

信心というのは、ここなのです。大聖人様の教えは、あくまで自行と化他なのです。つまり、自分だけの幸せを求めるだけではだめなのです。自分も幸せになるし、他の人も幸せにしていく、これが大事です。そのために大聖人様は、この世に出現されたわけです。なにも、末法に出現して、自分勝手に法を説いて、それで満足されているわけではありません。人々を成仏に導かれるために、つまり広宣流布のために、仏様は法をお説きになられたわけですから、そのお心を私達が酌《く》んでいかなければ、大聖人様の弟子檀那と言ってみても、これは本当のものとはなりません。そこが大事なのです。

特に今、宗門は明年の日興上人御生誕七百七十年、また平成三十三年の大聖人御聖誕八百年を期して、みんなで折伏していこう、広宣流布の戦いをしていこういうことが主題になっているわけですから、そこから外れた信心をしていたのでは、やはり、少し違う信心になってしまいます。

だから、もし「いくらやっても、だめなんだよな」と思っている人がいたならば、その人は折伏をしなさい。自分だけの信心ではなくして、多くの人を救っていくところの折伏をしなさい。そうすれば必ず変わります。これが自行化他にわたる信心であります。

「題目とは二意有り。所謂《いわゆる》正像と末法となり。正法には天親菩薩・竜樹菩薩、題目を唱へさせ給ひしかども、自行計《ばか》りにして唱へてさて止《や》みぬ。像法には南岳・天台等は南無妙法蓮華経と唱へ給ひて、自行の為にして広く化他の為に説かず。是《これ》理行の題目なり。末法に入って今日蓮が唱ふる所の題目は前代に異なり、自行化他に亘りて南無妙法蓮華経なり」

（同一五九四ページ）

とあるように、自行ばかりではなく、化他が必要なのであります。このことを、しっかりと認識していただきたいと思います。

つまり、いかに不断の信心が大切であるかということが、ここに示されているのでありますから、今申し上げたように自分自身の成仏を願うならば、大きな功徳を頂けるような信心、それはまさしく自行化他にわたる信心が肝要なのであります。

誓願が達成されるか、されないかは、結局は我々の努力次第であります。「一念、岩をも通す」という故事がありますが、まさにその通りでありまして、固い決意と信念と、そしてもう一つ、実践行動、これをもって、一致団結して事に当たれば、誓願は必ず達成することができるのであります。

これは、なにも仏法に限ることではありません。世法においても、全く同じです。仏法即世法、世法即仏法ですから、全く同じ原理です。やはり努力を怠った者は、幸せは掴《つか》めません。

これは、ある人の言葉でありますけれども、「苦しいから逃げるのではない。逃げるから苦しくなるのだ」という言葉があるのです。これは、折伏でも、なんでもそうです。逃げるから、だめなのです。苦しいからといって逃げたのでは、だめなのです。逃げると、苦しくなるのです。だから、逃げない。絶対に逃げない。踏みとどまっていくことが大事なのです。

なんでも、そうです。信心だけに限らず、我々の生活全般にわたって、どんなことがあっても逃げない。そういう挑戦の力、戦う力、それを一人ひとりが持って戦ってごらんなさい。折伏でもなんでも全部、同じです。絶対に逃げない。今、言った通り、苦しいから逃げるのではなくして、逃げるから苦しくなるのです。だから、逃げなければ、必ず勝利できるということであります。

そういう意味では、一人ひとりが、敢然として大折伏戦に臨んで、必ず誓願を達成していただきたいと思う次第であります。

次に、十二番に行きます。

12　四条金吾殿御返事

いかに日蓮いのり《祈》申すとも、不信ならば、ぬれ《濡》たるほくち《火口》に火をうちかく《打掛》るがごとくなるべし。はげみをなして強盛《ごうじょう》に信力《しんりき》をいだし《出》給ふべし。

（御書一四〇七ジペー一四行目）

この『四条金吾殿御返事』は、弘安二（一二七九）年十月二十三日、大聖人様の御年五十八歳の時に、四条金吾殿に与えられた御書であります。

本抄は、別名を『剣形書《けんぎょうしょ》』とも言います。これは四条金吾殿が出世を妬《ねた》む者から命を狙《ねら》われるのでありますが、無事にその難を避けることができたと、その状況を大聖人様に御報告いたしました。その返事が本抄であります。すなわち、強盛の信力を出だせば、いかなる敵も打ち破ることができるとして、どんな兵法《ひょうほう》よりも法華経の兵法を用いるように指南あそばされているのが、この御書であります。

四条金吾殿につきましては、皆さん方もよく御講などで色々とお聞きになっていると思いますけれども、本名は四条中務《なかつかさ》三郎左衛門尉頼基《よりもと》と言いまして、北条氏の支族である江馬家に仕えていた武士であります。そして、その奥さんが日眼女《にちげんにょ》であります。

この「金吾」という名前は、中国の漢代に宮門の警護をつかさどった武官である「執金吾《しっきんご》」の略でありまして、言うならば皇居の諸門の護衛とか、出入りの許可、行幸《ぎょうこう》の供奉《ぐぶ》などを行った役職であります。

四条金吾殿は武術にたいへん優れておりまして、また同時に医学にも通達しておりました。建長八（一二五六）年、二十七歳の時に、池上兄弟や工藤吉隆殿などと前後して、大聖人様に帰依したと言われております。以来、大聖人様の外護に努めまして、文永八（一二七一）年の竜口《たつのくち》の法難の時には、殉死《じゅんし》の覚悟で大聖人様のお供をしました。このことは『種々御振舞御書』のなかに詳しく出ておりますので、おうちにお帰りになりましたならば、是非、拝読しておいていただきたいと思います。

また、文永九年には人本尊開顕《にんほんぞんかいけん》の書である『開目抄』二巻を頂いておりま す。さらにまた、様々な激励を大聖人様から受けております。

しかし、極楽寺良観という者が鎌倉におりまして、主人の江馬光時がその良観の信奉者だったのです。四条金吾殿がその主人を折伏したところ、領地を減らされるなどの難が襲ってきたのであります。

また建治三(一二七七)年には、鎌倉の桑ケ谷《やつ》に天台宗の僧侶で竜象という者がいたのですが、その竜象の法座で、大聖人様の弟子の三位房が、竜象と問答をしたのです。そして、その者を徹底して破折したわけでありますけれども、そのことにからめて同僚に讒言《ざんげん》されたのです。

讒言というのは、人を陥れるために事実を曲げ、あるいは偽《いつわ》って、目上の人に悪く言うことです。ですから、四条金吾殿のことを快く思っていない者が、主人の江馬氏に悪く告げたわけであります。その結果、四条金吾殿は主人の不興を買いまして、所領を没収されそうになったのであります。

実は、四条金吾殿はその法座に同席していなかったのでありますけれども、竜象達が江馬氏に対して、四条金吾殿達が徒党を組んで、武器を持って狼藉《ろうぜき》を働き、法座を乱したと讒言をしたのであります。そこで、江馬氏は怒って、書を下して、この件について詰問《きつもん》したのです。

大聖人様はこれを聞かれて、その冤罪《えんざい》を晴らすために、四条金吾殿に代わって『頼基陳状』を認められ、江馬氏に提出されたのであります。

この陳状というのは、原告の訴状に対して、被告が出す答弁書のことを言います。この時は、四条金吾殿が謂《いわ》れなき中傷、讒言によって陥れられたということから、大聖人様が四条金吾殿に代わって陳状を出されたのであります。

このことからも、大聖人様の御信頼がいかに厚かったかが察せられるのでありまして、たいへん信心の強盛な方であったことが窺《うかが》い知れます。

その内容は、最初に三位房と竜象の法論の実状を述べて、讒人《ざんにん》達、つまり訴えた者達の言は全くうそであるとお示しになっております。そして、極楽寺良観と竜象の所行を厳しく批判されて、江馬氏の二人に対する見解の誤りを糾され、四条金吾殿こそ真の忠臣であるとおっしゃっております。さらに、真言、禅、念仏、律宗等の邪義を破折されて、最後に重ねて事件の真相究明を請われているのであります。

その結果、翌年の建治四年には主人の勘気が解けまして、かえって四条金吾殿は所領も加増されて、さらに主人の深い信任を得るようになったということであります。

また、四条金吾殿を讒訴した、つまりうそ偽りを言って訴えた竜象は、建治三年九月に認められた『崇峻天皇御書』に、

「彼等が柱とたのむ竜象すでにたうれ《倒》ぬ。和讒《わざん》せし人も又其《そ》の病にをかさ《侵》れぬ」（御書一一七一ページ）

とありますように、竜象は天罰を被《こうむ》り、讒言したのちしばらくして病にかかって倒れたのであります。さらにまた、「和讒せし人」というのは、つまり竜象と一緒になって讒言、中傷、悪口をした人達も、同様に病に倒れてしまったと示されており、はっきりと現証が出たとおっしゃっているのであります。

また、文永八年九月十二日の竜口の法難の時には、四条金吾殿は大聖人様が竜口の刑場に連行されるとの知らせを聞いて兄弟と共に駆けつけ、刑場に向かわれる大聖人様の姿を見て馬の轡《くつわ》に取りすがり、殉死の覚悟で裸足《はだし》のままに大聖人様のお供をしていったのであります。それほど、純真な方だったのであります。

したがって、大聖人様は後年、弘安元（一二七八）年十月の『四条金吾殿御返事』に、

「去《い》ぬる文永八年の九月十二日の子丑《ねうし》の時、日蓮が御勘気をかほり《被》し時、馬の口にとりつきて鎌倉を出でて、さがみ《相模》のえち《依智》に御とも《供》ありしが、一闇

浮提第一の法華経の御かたうど《方人》にて有りしかば、梵天・帝釈もすてかねさせ給へるか」（同一二八七ページ）

と仰せられております。つまり、大聖人様が刑場に向かわれるのを見て、御自分も殉死する覚悟をもってお供をしていったことに対して、大聖人様は「一閻浮提第一の法華経の御かたうど」すなわち、味方であると仰せであります。したがって、一閻浮提第一の法華経の方人でありますから、「梵天・帝釈もすてかねさせ給へるか」つまり、捨て置くわけにはいかなかったのだとおっしゃっているのです。

さらに、弘安三年十月八日の『四条金吾殿御返事』には、竜口の法難において決死の覚悟をもって大聖人様のお供をしたことを、

「いつの世にか思ひ忘るべき」（同一五〇一ページ）

とおっしゃっておられます。

また、文永九（一二七二）年五月の『四条金吾殿御返事』には、

「然《しか》るに貴辺法華経の行者となり、結句大難にもあひ、日蓮をもたすけ給ふ事、法師品の文に『遣化《けんげ》四衆・比丘《びく》・比丘尼《に》・優婆塞《うばそく》・優婆夷《い》』と説き給ふ。此の中の優婆塞とは貴辺の事にあらずんばたれ《誰》をかさ《指》ゝむ」

（同五九八ジペー）

と仰せになっています。

このなかの「遣化四衆」というのは、仏様が比丘・比丘尼・優婆塞・優婆夷という変化《へんげ》の四衆を遣わすということで、比丘というのはお坊さん、比丘尼というのは尼さん、それから優婆塞というのは男性の御信者さんで、優婆夷というのは女性の御信者さんのことです。つまり、このような色々な方を差し遣わして、末法の法華経の行者を守護することが説かれております。そして竜口の法難の時には、四条金吾殿が大聖人様を必死の思いで守護されたことを褒《ほ》められて、仏様から遣わされた変化の人とは、あなた四条金吾殿のことであるとおっしゃり、なお一層の自覚と成長を促しておられるのであります。

また、四条金吾殿につきまして、建治四（一二七八）年の『四条金吾殿御書』には、

「円教房が来て言うのには、主君である江馬の四郎殿の御出仕のお供は二十四、五人いるが、そのなかで四条金吾は、背の高さといい、面魂《つらだましい》といい、また乗っている馬や従えている下人までも、中務左衛門尉《なかつかさ》が第一である。『ああ、彼こそ男だ、男だ』と、鎌倉の童子《わらべ》が辻で言い合っていたと語っていた」（同一一九七ジペー取意）

とあります。この文面から拝しますと、四条金吾殿は美丈夫で、今流に言えばイケメンだったようであります。さらに、背も高くて、面魂もしっかりしていて、威風堂々としたところがあったようです。

そのように大聖人様は、のちにおいても四条金吾殿のことを褒めておられるのであります。

四条金吾殿に関する話が長くなりましたが、それでは本文に入ります。

初めに**「いかに日蓮いのり《祈》申すとも、不信ならば、ぬれ《濡》たるほくち《火口》に火をう《打》ちか《掛》くるがごとくなるべし。はげみをなして強盛《ごうじょう》に信力《しんりき》をい《出》だし給ふべし」**と仰せであります。これは、御本尊への絶対的確信を持って、いよいよ信心に励むように御教示あそばされている御文であります。

通釈すると「日蓮が、あなたのことをいかに祈ったとしても、あなたがこの妙法を信じなければ、濡れた火口《ほくち》に火を打ち掛けるようなもので、無駄になってしまいます。されば、なお一層、励んで、強盛な信力を出だしていきなさい」と仰せられております。

我々の信心も同様でありまして、信力・行力が大切です。既に、御本尊様には仏力と法力が具わっていいます。だから、私達が信力・行力を出せば、四力が成就して、物事がかなうわけであります。

既に御本尊様の仏力・法力は、まさに歴然とそこに存在しているわけでありますから、あとは我々が信力・行力を奮い起こして広布のための戦いをしていく、これがいわゆる四力成就の一番の根本になるのであります。

また、この御文のあとには、

「すぎし存命不思議とおもはせ給へ。なにの兵法《ひょうほう》よりも法華経の兵法をもちひ《用》給ふべし」（同一四〇七㌻）

とおっしゃっているのです。すなわち「金吾が讒訴され、それによって苦境に陥ったけれども、無事に助かったということは、ひとえに妙法蓮華経の不思議な功徳力によるものである。いかなる兵法よりも法華経の兵法、すなわち信心を用いていきなさい」とおっしゃっているのであります。つまり「これからもしっかりと御本尊を受持して、何事も信心で乗りきっていきなさい。強盛の信力を出せば、いかなる敵も打ち破ることができますよ」と仰せになっているのであります。

これはまさに我々の普段の信心においても大事で、いかなる時でも戒壇の大御本尊様の広大無辺なる功徳を信じ奉り、無二に信じきっていくところに、四条金吾殿がたび重なる難を乗りきってきた源があることを知らなければなりません。つまり、御本尊様に対する絶対信を常に自分自身の心のなかに誓っていくということです。これが信心の根本であり、それを忘れてしまってはならないのであります。

次に、十三番目の御文に入ります。

13　中興入道御消息

去《みまか》りぬる幼子《おさなご》のむすめ《娘》御前の十三年に、丈六《じょうろく》のそとば《卒塔婆》をたてゝ、其《そ》の面《おもて》に南無妙法蓮華経の七字を顕《あら》はしてをはしませば、北風吹けば南海のいろ《魚》くづ《族》、其の風にあたりて大海の苦をはなれ《離》、東風《こち》きたれば西山の鳥鹿《ちょうろく》、其の風を身にふれ《触》て畜生道をまぬか《免》れて都率《とそつ》の内院に生まれん。況《いわ》んやかのそとばに随喜をなし、手をふれ眼《まなこ》に見まいらせ候人類をや。過去の父母も

彼のそとばの功徳によりて、天の日月の如く浄土をてらし《照》、孝養の人並びに妻子は現世には寿《いのち》を百二十年持ちて、後生には父母とともに霊山浄土にまいり給はん事、水すめば《澄》月うつり《映》、つゞみを《鼓》うてば《打》ひゞき《響》のあるがごとしとをぼしめし候へ等云云。（御書一四三四ページ五行目）

この『中興《なかおき》入道御消息』は、弘安二（一二七九）年十一月三十日にお認《したた》めあそばされた御書であります。

中興入道は佐渡の方でありまして、中興入道殿の女房が佐渡からわざわざ夫の身延登山に託して数々の御供養を奉ったことから、中興入道夫妻に与えられた御消息であります。

本抄は一往、題名は『中興入道御消息』となっておりますけれども、その最後の所を見ますと、宛名が、

「中興入道殿女房」（御書一四三四ページ）

となっているのです。しかし、文中を見ますと、

「貴辺は故次郎入道殿の御子《みこ》にてをはするなり。御前は又よめ《嫁》なり」

（同ページ）

とあり、ここに「貴辺」とあるのは次郎入道殿の子供であり、女房殿の御主人である中興入道のことで、「御前は又よめなり」とあるのは女房殿のことでありますから、題名を見ると御主人の中興入道に、また宛名を見ると中興入道の奥さんに与えられたお手紙のようでありますけれども、実際は御夫婦の両方に与えられた御消息のように思われます。

御主人の中興入道は中興次郎入道の子で、現在も新潟県佐渡市に中興という地名が残っており、そこに住んでおられましたので、この呼び名があるわけです。

こういうことは、今でもあります。新宿のおじさんとか、静岡のおばさんとか、土地の名前で呼ぶ風習がありますね。

南条時光殿もそうです。この総本山大石寺のある地域を昔は上野と言ったので、上野殿と言ったら南条時光殿のことを指すわけです。ここは昔、静岡県富士郡上野村と言っていましたが、今はもう、上野を冠するものは学校などだけで、ごく一部でしか使われておりません。けれども、南条さんはここの領主でありましたから、上野殿と地名で呼ばれていたのです。中興入道殿も、これと同じでありまして、こういうことが昔は、よくあったのであります。

そのお父さんである中興次郎入道殿は地元の人望を集めた人でありまして、初めは念仏の信者でありましたが、のちに流罪中の大聖人様に会って法華経に帰依し、以後、大聖人様の外護の任を果たされた方であります。また、中興次郎入道殿が亡くなったのちには、その子供の中興入道も、まじめな信仰に励んだことが知られております。

この御書を見ますと、初めに日本における仏教伝来および流布に触れ、次いで念仏や真言等の邪義が弘まり、正法の行者である大聖人様を佐渡へ流罪する等の迫害を加えていることなどが示されております。このなかでは、中興夫妻の在島中の外護の志を感謝されて一家の信心を称《たた》えられるとともに、大聖人様が自ら日本第一の忠《ちゅう》の者であることを示され、最後に父の中興次郎入道の志を継いで大聖人様に対して供養されたことを褒められ、併せて塔婆供養に寄せて法華経による追善供養の功徳を明かされております。

さて、本文に入りますと、まず**「去《みまか》りぬる幼子《おさなご》のむすめ《娘》御前の十三年に、丈《じょう》六《ろく》のそとば《卒塔婆》をたてゝ、其《そ》の面《おもて》に南無妙法蓮華経の七字を顕《あら》はしてをはしませば、北風吹けば南海のいろくづ《魚族》、其の風にあたりて大海の苦をはなれ《離》、東風《こち》きたれば西山の鳥鹿《ちょうろく》、其の風を身にふれ《触》て畜生道をまぬかれ《免》て都率《とそつ》の内院に生まれん」**とお示しであります。この御文以下は、中興入道の娘の第十三回忌の塔婆供養に寄せて、その功徳を述べて、供養の深い志を褒められているところであります。

ここに「丈六のそとば」とありますが、「丈六」とは一丈六尺の長さですから、相当、背の高い卒塔婆でありますけれども、卒塔婆というのは元々、古代インドで土饅頭《どまんじゅう》の形、つまり、お饅頭のように土を盛り上げた墓を指すと言われております。のちには、仏様や阿羅漢《あらかん》などの記念碑として、遺骨とか遺髪などを埋めて構築するようになったのであります。さらに後年、死者の追善供養のために、今のような板形のものになりまして、墓の裏に立てて供養するようになったのであります。

その卒塔婆の功徳について述べられているのが、この御文であります。解りやすく言いますと「卒塔婆の面《おもて》に南無妙法蓮華経の七字を認《したた》めて立てると、北風が吹いて塔婆に触れ、その風に当たった南海の魚達は大海の苦を離れ、東風が吹けば西の山の鳥や鹿は、その風を身に受けて畜生界をまぬかれて、都率の内院に生まれるであろう」とおっしゃっております。

この「都率の内院」というのは、都率天には内外《ないげ》の二院がありまして、内院は将来、仏と成るべき菩薩が最後の生《しょう》を過ごす所でありまして、現在は弥勒菩薩が住んでいるとされております。また、外院は天人の住処とされておりまして、ここで「都率の内院に生まれん」とおっしゃっているのは、妙法の風に触れた鳥や獣達は畜生道を逃《のが》れて、必ず将来、仏に成ること、つまり成仏することができるであろうと仰せられているのであります。

したがって、その次に**「況《いわ》んやかのそとば《卒塔婆》に随喜をなし、手をふれ《触》眼《まなこ》に見まいらせ候人類をや。過去の父母も彼のそとばの功徳によりて、天の日月の如く浄土をてらし《照》、孝養の人並びに妻子は現世には寿《いのち》を百二十年持ちて、後生には父母とともに霊山浄土にまいり給はん事、水すめ《澄》ば月うつり《映》、つゞみ《鼓》をうて《打》ばひゞき《響》のあるがごとしとをぼしめし候へ等云云」**とおっしゃっております。すなわち「妙法蓮華経と認められた卒塔婆に触れた風に当たった鳥や獣ですら、畜生道をまぬかれることができるのであるから、まして、かの卒塔婆を立てて、随喜渇仰して手に触れ、眼に見る人々は、計り知れない大きな功徳を得ることができる。されば、今は亡き両親も、この卒塔婆の功徳によって、天の日月が明々《あかあか》と道を照らすように、浄土への道を照らされていることでしょう。また、かくの如き孝養を尽くされた中興殿御自身ならびに妻子は、現世には百二十年の長寿を保ち、後生には父母と共に霊山浄土に参ることができるでしょう。それはあたかも、水が澄めば必ず月が映り、鼓《つづみ》を打てば必ず響きがあるようなものであると思《おぼ》し召しなさい」と塔婆供養の功徳について述べられ、その供養の深い志を称嘆《しょうたん》されているのであります。

また、この卒塔婆につきましては、『草木成仏口決《くけつ》』に、

「我等衆生死する時塔婆を立て開眼供養するは、死の成仏にして草木成仏なり」（同五二二ジペー）

と示されております。まさに大聖人様は、法華経の題目を認めた塔婆をもって回向することの功徳の大なることを、ここではっきりと御教示あそばされているわけであります。

しかるところ、創価学会は塔婆供養について、色々と難癖《なんくせ》をつけています

ね。なかには「日蓮大聖人は塔婆を建立されなかった」と言っている者もいるようです。

しかし、この御文を拝せば解るように、創価学会の主張は全く、宗門に対する難癖以外の何ものでもないのであります。このように、御書に明らかに卒塔婆の功徳についておっしゃっているにもかかわらず、彼らは自分達に都合が悪いものは、たとえ大聖人様の御金言があろうとも、平気で否定するのです。これが学会の姿です。だから、おかしくなってしまうのです。

こういうことが、言うなれば増上慢なのです。世の中で一番救われないのが増上慢です。これは救えません。その増上慢の最たるものが創価学会であり、池田大作です。

やはり我々は、御本尊様の前にある時は、謙虚でなければなりません。常に謙虚な志を持って、御本尊様を拝していくことが大切です。この謙虚さがなくなった時には、みんなおかしくなってしまう。増上慢から全部、大きな誤りを犯してしまうのです。

ですから、我々の信心も、御本尊様の御前においては常に謙虚であることが、まことに大切だと思います。そうすることによって、おのずからその人の人格も磨かれて、人格者として謙虚になっていくのです。このことを忘れないでいただきたいと思います。

ただし、折伏の時はきちんと言うべきことを言わなければいけませんよ。謙虚過ぎてしまって、何も言わないというのは、法に外れますからだめです。この辺の区分けはしっかりとして、折伏をしていきましょう。是非、そのようにお願いをいたします。

それでは、次に十四番目の御書を拝読します。

14　右衛門大夫殿御返事

当今《とうこん》は末法の始めの五百年に当たりて候。か〻る時刻に上行菩薩御出現あって、南無妙法蓮華経の五字を日本国の一切衆生にさづ《授》け給ふべきよし経文分明《ふんみょう》なり。又流罪死罪に行なはるべきよし明らかなり。日蓮は上行菩薩の御使ひにも似たり、此の法門を弘むる故に。神力品に云はく「日月《にちがつ》の光明《こうみょう》の能《よ》く諸《もろもろ》の幽冥《ゆうみょう》を除くが如く、斯《こ》の人世間に行じて能く衆生の闇《やみ》を滅す」等云云。此の経文に斯人《しにん》行世間の五《いつつ》の文字の中の人の文字をば誰とか思《おぼ》し食《め》す、上行菩薩の再誕の人なるべしと覚えたり。

（御書一四三五ジペー四行目）

当抄は、弘安二（一二七九）年十二月三日、大聖人様の御年五十八歳の時、身延より池上宗仲《むねなか》に与えられた御消息であります。

対告衆《たいごうしゅ》の池上右衛門大夫宗仲は、武蔵国池上（現在の東京都大田区）に住んでいた鎌倉幕府の作事奉行《さくじぶぎょう》・池上左衛門大夫康光《やすみつ》の長男でありまして、この人のお母さんは六老僧の一人である日朗の姉であります。また、宗仲の弟は兵衛志《ひょうえさかん》宗長《むねなが》と言い、この二人は大聖人様より『兄弟抄』などの御書を賜り、共に信心に励んでいたのであります。

このお二人の名前についてですが、普通、長男には「〇長《なが》」と付けて、二男のほうに「〇仲《なか》」と付ける例が多いかと思います。ところが、池上兄弟の場合は、長男が宗仲、二男が宗長になっていて、少し混乱しやすいかと思いますので、老婆心ながら申し上げておく次第です。

さて、お兄さんの宗仲は、建長八（一二五六）年ごろに、四条金吾殿や工藤吉隆殿などと共に入信したと言われております。また、弟の宗長の入信も、そのころではないかと言われております。

しかし、父の康光は極楽寺良観の熱心な信者であったために、兄弟の信仰に猛反対し、兄弟の法華信仰を退転させようとして、様々な画策をしたのであります。そして、文永十二（一二七五）年には、宗仲は父・康光より一回目の勘当《かんどう》を受けるわけであります。

当時の勘当というのは、現代と違いまして、たいへん厳しい意味を持っておりました。それは、まず血縁関係を断つというだけではなく、経済的な保証を奪い取るほか、社会的にも破滅を意味するようなものだったのです。宗仲は、父の康光から、そのような厳しい処置を受けたのでありますけれども、信心でそれを乗りきっていったのであります。

特に、大聖人様は建治二（一二七六）年四月に『兄弟抄』を認《したた》められまして、兄弟や、両者の妻を励まされております。

その『兄弟抄』を拝しますと、初めに法華経が諸経のなかで最第一であることを述べたあと、次に信心をしていて難を受ける理由を、大聖人様は三つ挙げられております。すなわち、一つには過去世の様々な業因により、二つには諸天善神が法華経の行者を試みるために種々の姿となって現れ、色々な難を下すのだとおっしゃっています。そして、三つには第六天の魔王が父母や兄弟など、血縁関係のある人の身に入って、悪知識となって信心を妨げると説かれているのです。

このなかにおられるかどうかは判りませんけれども、信心を始める時には、例えば御両親が猛烈に反対するとか、あるいは兄弟が猛烈に反対するとか、あるいは奥さんや御主人が反対するといった様々な形で、難を受けておられる方もいらっしゃるかと思うのです。もちろん、順調にずっと来ている方もいらっしゃるでしょうけれども、そういう難が色々とあるのであります。

そういうことを、この『兄弟抄』のなかでおっしゃって、まさに池上兄弟が、特に長男がお父さんから勘当されたことについて、世の中にはそういう色々な難を受けている方がいることを挙げられて、その難を乗りきっていくようにと、大聖人様が宗仲に対して激励されているのです。

その激励の結果、一回目の勘当は許されることとなりました。しかしながら、翌建治三年の十一月には、再び父より勘当を受けるわけです。しかも今度は、お兄さんよりは少し信心が弱かったと思われる弟の宗長に対しまして、お兄さんを外して家督を譲るというようなことを条件に、大聖人様の信仰を断ち切るように働きかけたのです。これは非常に厳しい意味がありました。

元々お父さんは極楽寺良観の檀那であり、良観は大聖人様に対して敵愾《てきがい》心を持っていますから、この時もまた良観が暗躍いたしまして、この兄弟の仲を裂いて、兄の宗仲の孤立を目論んで、色々な難癖をつけてきたのであります。

これに対して、大聖人様は『兵衛志殿御返事』（御書一一八二ページ）を送って、弟の宗長を教導されました。その結果、兄弟は結束して信心を守り、翌年の春ごろには宗仲の勘当が再び解かれることとなったのであります。しかも、そののち兄弟が心を合わせて父の康光を折伏し、大聖人様に帰依することになるのであります。

現在、東京の池上という所には本門寺が建っておりますけれども、ここは元々、池上兄弟の屋敷があった所で、大聖人様は弘安五（一二八二）年の九月に、身延山より常陸《ひたち》の湯に赴かれる途中でここにお立ち寄りになり、この池上の屋敷で御入滅あそばされたのであります。

いずれにいたしましても、この兄弟は様々な難を乗り越えることができたのであります。しかも今言ったように、第六天の魔王が父などの身に入り、そこにまた極楽寺良観のような、とんでもない者が入ってきて、悪知識となって信心を妨げる形があったわけですが、この兄弟は大聖人様の御教導によって乗りきっていかれたのであります。

次に、本文に入ります。

初めに**「当今《とうこん》は末法の始めの五百年に当たりて候」**とあります。

御承知の通り、末法というのは、仏滅後の年代を正法・像法・末法と大きく三つに分けたなかの一つであります。

大聖人様は『撰時抄』で、大集経の「五箇の五百歳」を依拠《えきょ》といたしまして、正法千年、像法千年、末法万年とされています。すなわち『撰時抄』に、

「大集経に大覚世尊、月蔵菩薩《がつぞう》に対して未来の時を定め給えり。所謂《いわゆる》我が滅度の後《のち》の五百歳の中には解脱堅固《けんご》、次の五百年には禅定堅固已上一千年、次の五百年には読誦多聞《たもん》堅固、次の五百年には多造塔寺堅固已上二千年、次の五百年には我が法の中に於て闘諍言訟《とうじょうごんしょう》して白法隠没《びゃくほうおんもつ》せん等云云」

（御書八三六㌻）

と仰せであります。

これを分けて見ますと、正法時代は解脱堅固の五百年と禅定堅固の五百年の、合わせて一千年です。次の像法時代は、読誦多聞堅固の五百年と多造塔寺堅固の五百年の、合わせて一千年。そして、末法は闘諍言訟・白法隠没ということであります。

このうち解脱堅固は、釈尊が亡くなってからまだ日が浅いので、仏道修行が盛んで、智慧を得て悟りを開く者が多かった時代であります。この時代には、インドでは迦葉《かしょう》・阿難などが小乗教を説いて、大いに弘めたのであります。

次の禅定堅固は、衆生が大乗を修して禅定三昧に入り、心を静めて思惟の行に励んだ時代であります。この時期は、インドに馬鳴《めみょう》菩薩や竜樹菩薩などの方々が出られて権大乗教を弘め、衆生はそれを修行して禅定を保ったのであります。

像法時代に入りますと読誦多聞堅固、これは読んで字の如く、経典の読誦と説法を多く聞くことが中心になって行われた時代であります。

また、像法時代の後半の多造塔寺堅固は、これまた字の如く、寺院や仏塔の建立が多く行われた時代です。この期間には、人々は盛んに寺院や堂塔などを建立したのであり、仏道を求めて修行に励んだり、仏教の内容面を充実させるよりも、どちらかと言うと、外観とか形式を重んずるような時代となったわけであります。

そして、末法に入ると闘諍堅固・白法隠没となります。これは、闘諍堅固と言うぐらいですから、戒律を守らず、互いに自説に執着して争いごとが絶えない時代であります。

この「白法」とは釈尊の教えのことで、釈尊の教法である白法が隠没する時に、まさに法華経に予証せられた通り、久遠元初の御本仏である宗祖日蓮大聖人様が御出現あそばされ、南無妙法蓮華経の「大白法」を弘めて、末法本未有善の衆生を救済されるわけであります。

したがって釈尊は、この大白法が末法に流布することを予証せられておりまして、法華経薬王品には、

「我が滅度の後《のち》、後《のち》の五百歳の中に、閻浮提に広宣流布して、断絶せしむること無けん」（法華経五三九㌻）

と説かれております。つまり、釈尊の教えは正法時代と像法時代の二千年で終わるが、「我が滅度の後、後の五百歳の中に、閻浮提に広宣流布して、断絶」することがない。「後の五百歳の中」とあるのは末法にということで、末法に大聖人様が御出現あそばされて妙法蓮華経が説かれることを、この御文のなか

で既に予証されているのであります。

これについて、天台大師も、

「後五百歳遠く妙道に沾《うるお》はん」（御書二五五ページ等）

と述べられております。「妙道」とは南無妙法蓮華経の道でありますから、妙法蓮華経が後五百歳の末法に流布すると、天台大師も予証しているのでありま す。

天台大師は、末法に大聖人様が御出現になり、妙法を説かれることを御存じなのですけれども、「内鑑冷然《ないがんれいねん》」と言いまして、

「天台・妙楽・伝教等は内には鑑《かんが》み給へども、故こそあるらめ言《ことば》には出《い》だし給はず」（同一三八七ページ）

と仰せのように、御承知だったけれども、それを言葉には出されなかったのです。つまり、末法は大聖人様が御出現される時代であり、御自分のお役目ではないから、その領域を侵すことはできないのです。そのために、御自分では法

を説かれることなく、「後五百歳遠く妙道に沾はん」と、妙法蓮華経が後五百歳の末法に流布することを述べられているのであります。

さらに、このことを受けて、伝教大師は、

「正像稍《やや》過ぎ已《お》はって末法太《はなは》だ近きに有り。法華一乗の機、今正《まさ》しく是其《これぞ》の時なり」（同二五六ページ等）

と述べられています。つまり、天台大師や伝教大師は像法時代の方々ですから、正法・像法の二千年がもうすぐ過ぎ終わろうとし、末法がすぐ近くまで来ていると示されたあと、末法は南無妙法蓮華経の大白法が流布する時であることを「法華一乗の機、今正しく是其の時なり」とおっしゃっているのです。つまり、末法に御本仏が御出現されて、妙法を説かれるということは、釈尊も、あるいは天台大師や伝教大師も、このように予証せられているのであります。

次に**「かゝる時刻に上行菩薩御出現あって、南無妙法蓮華経の五字を日本国の一切衆生にさづけ《授》給ふべきよし経文分明《ふんみょう》なり。又流罪死罪に行なはるべきよ**

し明らかなり」と仰せです。

「かゝる時刻」というのは、もちろん末法であります。つまり、末法に上行菩薩が出現せられて、法華経本門の肝心たる南無妙法蓮華経の五字を日本国の一切衆生に授けるということは、既に経文に明らかに説かれているとおっしゃっているのであります。

先程も申し上げましたけれども、釈尊は法華経の涌出品におきまして、迹化・他方の菩薩達が、釈尊の滅後の娑婆世界の弘通を申し出られたことに対して、

「止《や》みね、善男子」（法華経四〇八ページ）

と、その人達を押し止《とど》めて「お待ちなさい」とおっしゃったのです。そして、大地の底から上行菩薩等の四菩薩を上首とする六万恒河沙の本化地涌の菩薩を呼び出して、如来寿量品を説いたのち、如来神力品において法華経の肝要を四句の要法に括《くく》って付嘱し、末法の弘通を託されたのであります。

大聖人様は、その上行菩薩の再誕として末法に御出現あそばされましたが、先程も言いました通り、上行菩薩としてのお立場はあくまで外用《げゆう》のお姿でありまして、内証深秘《じんぴ》の上から拝せば、大聖人様は久遠元初自受用報身如来の御本仏にましますのであります。そのことを解りやすくおっしゃっておられるのが、日寛上人の『文底秘沈抄』でありまして、

「若《も》し外用の浅近《せんごん》に拠《よ》れば上行の再誕日蓮なり。若し内証の深秘に拠れば本地自受用の再誕日蓮なり。故に知んぬ、本地は自受用身、垂迹は上行菩薩、顕本は日蓮なり」（六巻抄四九㌻）

と、はっきりと御指南あそばされております。

つまり、滅後末法において外用上行菩薩、内証久遠元初の御本仏大聖人様の御出現と、その御本仏の説かれる教法、すなわち本因下種の妙法蓮華経によって、初めて末法本未有善の衆生の成仏得道がかなえられると、明らかに仰せられているのであります。

また、末法出現の上行菩薩、すなわち内証久遠元初の御本仏大聖人様が、大法弘通のために必ず流罪、死罪等の大きな難に値《あ》うということも、また経文には明らかであるとおっしゃっております。

すなわち、勧持品第十三には「二十行の偈」が説かれ、釈尊滅後の法華経の行者を様々な形で難が襲うこと、特に俗衆増上慢・道門増上慢・僣聖増上慢という三類の強敵《ごうてき》が出現して、法華経の行者に対して様々な難を及ぼすことが説かれております。このことが、大聖人様が法華経の行者であることの一つの証明になるわけです。

つまり、大聖人様は竜口の法難や小松原の法難など、様々な法難に値われますが、それは釈尊が三千年の昔に予証せられていることなのです。つまり法華経の、特に勧持品のなかではっきりと三類の強敵が現れることが予証せられており、その予証されている通りに、大聖人様は様々な難に値われたのです。

逆に言うと、もし大聖人様が御出現しなかったならば、お釈迦様はうそつきになってしまいます。つまり、大聖人様が主なのであり、御本仏大聖人様のお立場からすると、大聖人様が竜口の法難等の様々な御難に値われることは、法華経が不実でない、つまりうそではないことを証明しているのです。そこに大事な意味があるのです。

そして**「日蓮は上行菩薩の御使ひにも似たり、此の法門を弘むる故に。神力品に云はく『日月《にちがつ》の光明《こうみょう》の能《よ》く諸《もろもろ》の幽冥《ゆうみょう》を除くが如く、斯《こ》の人世間に行じて能く衆生の闇《やみ》を滅す』等云云。此の経文に斯人《しにん》行世間の五《いつつ》の文字の中の人の文字をば誰とか思《おぼ》し食《め》す、上行菩薩の再誕の人なるべしと覚えたり」**とお示しですが、これは先程も言いましたね。つまり、神力品に、

「日月の光明の　能く諸の幽冥を除くが如く　斯の人世間に行じて　能く衆生の闇を滅す」（法華経五一六ページ）

と説かれてありますが、この御文のなかの「斯の人」とは大聖人様のことをおっしゃっているのです。そして「斯の人世間に行じて　能く衆生の闇を滅

す」と示されております。

この神力品の御文を大聖人様は引かれて、先程の『寂日房御書』に、

「此の文の心よくよく案じさせ給へ。『斯人行世間』の五つの文字は、上行菩薩末法の始めの五百年に出現して、南無妙法蓮華経の五字の光明をさ指《さ》しいだ出《いだ》して、無明煩悩の闇をてらすべしと云ふ事なり。日蓮等此の上行菩薩の御使ひとして、日本国の一切衆生に法華経をう受《う》け持《たも》てと勧めしは是《これ》なり」（御書一三九三㌻）

とおっしゃっております。

さらに、日寛上人は『文底秘沈抄』のなかで、この御文を解釈して、「若し外用の浅近に拠れば上行の再誕日蓮なり。若し内証の深秘に拠れば本地自受用の再誕日蓮なり。故に知んぬ、本地は自受用身、垂迹は上行菩薩、顕本は日蓮なり」と仰せられております。つまり神力品の文を挙げて、大聖人様こそが外用上行菩薩の再誕、内証久遠元初の御本仏であることを示されているのです。

最後のほうは少し急ぎましたけれども、初めのほうで詳しく言いましたので、だいたいはお解りになったかと思います。時間の関係で、本日はここまでしかできませんけれども、我々のなすべきは明年三月までに必ず、すべての支部が折伏誓願を達成することであります。これには、非常に大事な意味が込められていると、私は思います。

皆さん方も新聞や、あるいは実際に肌で感じていることが多いと思いますけれども、最近の天変地夭《ちよう》と申しますか、天候異変もそうですし、さらに世界の至る所で争いが増えて、騒然としています。日本の国内も色々な問題が山積しており、世界中にも山積していますよね。

まさに、この時こそ、我々は『立正安国論』の御聖意《しょうい》をしっかりと拝して、正を立てて国を安《やす》んずるという原則をしっかり知って、本当に一人ひとりが折伏に励んでいかなければなりません。

本日お集まりの四千人の方が、本気になって各講中で戦ってごらんなさい。皆さん方が本当に命懸けで戦いきっていけば、まず皆さん方の講中が変わります。講中が変われば、その地域が変わりますよ。そして、その地域が変われば、日本が変わります。日本が変われば、必ず世界が変わるのですよ。

その原点、原則は、本日ここにいらっしゃる四千人の方々の、一人ひとりの折伏です。このことを絶対に忘れないで、残り二百五十日余、広布に身を尽くしてください。必ず、一人ひとりが、大聖人様よりお褒めの言葉を頂けます。間違いありません。

だから、お題目をしっかり唱えて、あらゆるチャンスを活かして、誓願達成へ向けて、一人ひとりが是非、立ち上がっていただきたいと、心から思う次第であります。

以上をもちまして、本日の講義を終了いたします。

御法主日如上人猊下御講義

信行要文 第五期

平成二十六年七月二十日

御講義テキスト（一六ページ一〇行目〜一八ページ六行目）

皆さん、おはようございます。

本日は、平成二十六年度の法華講夏期講習会第五期に当たり、このテキストにありますとおり、「信行要文」につきまして少々お話を申し上げたいと思います。

本日は、テキスト十六ページの第十五番『秋元御書』から始めます。

15　秋元御書

種《しゅ》・熟《じゅく》・脱《だつ》の法門、法華経の肝心なり。三世十方の仏は必ず妙法蓮華経の五字を種として仏に成り給へり。（御書一四四七ジペ一一六行目）

短い御文でありますけれども、ここにはたいへん重要なことが説かれております。

そもそも、この『秋元御書』は弘安三（一二八〇）年正月二十七日、日蓮大聖人様御年《おんとし》五十九歳の時に、秋元太郎兵衛尉《ひょうえのじょう》に宛てて認《したた》められた御消息であります。

これは秋元殿が、筒御器《つつごき》という竹筒の形をして水とかお酒などを入れる食器を三十個、それとお皿六十枚を、大聖人様に御供養されたことに対してのお礼の返事でありますから、別名を『筒御器抄』とも言います。

この御書を頂いた対告衆《たいごうしゅ》の秋元太郎兵衛尉は、下総国《しもうさのくに》（現在の千葉県）印旛《いんば》郡白井荘の人で、文応元（一二六〇）年、大聖人様が松葉ヶ谷《やつ》の法難を避けて、下総の中山に行かれた時に、大田乗明や曽谷教信などと共に入信をしたと言われております。その関係で大田乗明や曽谷教信と親しく、また富木常忍とは親戚であったとも言われております。大聖人様からは、当抄のほかに『秋元殿御返事』などを頂いております。

次に、当抄の大意を申し上げますと、初めに、御供養された器に寄せて秋元殿の信心を称嘆され、器に覆《ふく》・漏《ろ》・汙《う》・雑《ぞう》の四つの失《とが》があることについて説かれております。

器の四つの失というのは、一つ目は覆で、覆とは器を伏せてしまうということです。二番目の漏とは、漏れるということです。三番目の汙は、汚れている、汚いという意味であります。四番目の雑は、色々なものが混じっているということです。

このことにつきましては、大聖人様は当抄のなかで、このようにおっしゃっております。

「器に四つの失あり。一には覆と申してうつぶけるなり。又はくつがへす、又は蓋《ふた》をおほふなり」（御書一四四七㌻）

つまり、うつ伏せにするということです。

「二には漏と申して水もるなり。三には汙と申してけがれたるなり。水浄《きよ》けれども糞《ふん》の入りたる器の水をば用ふる事なし」（同㌻）

これは、水に糞が入ってしまえば、それを用いることができないということです。

「四には雑なり。飯に或《あるい》は糞、或は石、或は沙《すな》、或は土なんどを雑《まじ》へぬれば人食《く》らふ事なし」（同ページ）

御飯のなかに糞や石などが入っていれば、それは食べられません。そして、

「器は我等が身心を表はす。我等が心は器の如し。口も器、耳も器なり。法華経と申すは、仏の智慧の法水《ほっすい》を我等が心に入れぬれば、或は打ち返し、或は耳に聞かじと左右の手を二つの耳に覆《おお》ひ、或は口に唱へじと吐《は》き出《い》だしぬ。譬へば器を覆するが如し」（同ページ）

と、我々の信心の失について、器の四つの失に当てはめて、ここにおっしゃっております。つまり、大聖人様の尊い御法を、聞こうともせずに耳をふさいで、やろうともしないという姿は、ちょうど器をうつ伏せるようなものであるとおっしゃっているわけです。また、

「或は少し信ずる様《よう》なれども又悪縁に値《あ》ひて信心うすくなり、或は打ち捨

て、或は信ずる日はあれども捨つる月もあり。是《これ》は水の漏るが如し」（同ジペー）

少し信じたようであるけれども、信心がずっと継続していかない。やる時は、ちょっとやるのだけれども、結局、怠けてしまう。こういう姿があるわけであります。要するに、我々が、ある時は信心をまじめにやっていても、途中で怠けてしまうというような姿は、ちょうど器から水が漏れるような信心だとおっしゃっているのです。

「或は法華経を行ずる人の、一口は南無妙法蓮華経、一口は南無阿弥陀仏なんど申すは、飯に糞を雑へ沙石《いさご》を入れたるが如し」（同ジペー）

と、お題目を唱えながら謗法を行うのは、御飯のなかに糞を入れたり、あるいは砂を入れたりするようなものであると仰せです。もちろん、そんな信心をしている人はいないと思いますけれども、やはり信心の姿勢として、そういう信心はだめだと、大聖人様は厳しくおっしゃっているのです。

そして次に、呵責《かしゃく》謗法の旨を明かされまして、大聖人様の御一代の化導は、正法弘通のために謗法を呵責され、前代未聞の怨嫉《おんしつ》・迫害を招くことを説かれて、つぶさに値難の由《よし》を述べ、深く謗法を諫《いさ》めるべきことを示されているのであります。

そして、法華経を修行する者の用心として、今度は、謗人・謗家・謗国の三義を述べて、この三失を脱すべき要術を示し、さらに例を引きまして、この呵責謗法の行者の希有《けう》なる旨を明かして、この難信難解の妙法を行じて呵責謗法の難事を果たされていることが述べられているのであります。

ここには、先程は器の四つの失に対し、今度は、人に約し、家に約し、国に約す、という三義についてお述べになっているのであります。

初めの「謗人」とは、正法を謗る人のことを言います。例えば、勝意比丘《しょういびく》であるとか、苦岸比丘、インドで小乗経に執して大乗経を謗った無垢《むく》論師、大慢婆羅門などが、これに当たるのであります。もちろん、これは古い時代の話でありますが、現在、日蓮正宗や御本尊に対して誹謗・悪口する者は、まさしく正法を謗る人となるのであります。

第二に「謗家」とは、謗法の家のことです。一生の間、法華経を誹謗せず、昼夜に法華経を修行している人でも、謗法の家に生まれれば無間《むけん》地獄に堕ちると言われております。それはなぜかというと、与同罪を受けるからです。では、この与同罪を、どうしたら逃《のが》れることができるのかというと、御書のなかでは、

「謗家の失を脱れんと思はゞ、父母兄弟等に此の事を語り申せ」

（同一四五二ページ）

と説かれております。これはどういうことかと言いますと、家族のなかで御自分一人だけが信心しており、兄弟あるいは親御さんも、みんな謗法であるとします。その時は、家族の方々を折伏しなさいとの仰せなのです。折伏しないで放《ほう》っておくと、与同罪を受けるとおっしゃっているのですよ。

色々なケースがありますけれども、たいていの場合、初めは謗法だらけのなかから信心を始めるわけです。でも、そのなかで一人ひとりがちゃんと、お父さん、お母さん、兄弟に対して、しっかりと折伏をしていけば、与同罪を受けなくて済むのです。それを、黙していて、折伏をしない。そうすると、与同罪を受けると、これは私が言っているのではなく、大聖人様が御書のなかに仰せになっておられるのです。やはり、与同罪は恐るべきですから、もし、おうちのなかで信心していない人がいたならば、しっかりと折伏をしなければいけない。これが謗家の難を逃れることになるのです。

第三の「謗国」とは、当抄のなかに、

「謗法の者其《そ》の国に住すれば其の一国皆無間大城になるなり」

（同一四五〇ページ）

とおっしゃっております。

つまり、依正不二の原理によって、正報であるところの我ら衆生が謗法を犯せば、依報であるところのその国が謗法の国となってしまう。そうしますと、どういう現象が起きるでしょうか。

まず初めに、三災が重なるのです。三災というのは、飢饉《ききん》・疫癘《えきれい》・兵革《ひょうかく》であります。要するに、色々な作物が出来なくなったり、疫病がはやったり、戦争が起こったりする。これが三災なのです。国が謗法を犯すと、必ずこういうことになるとおっしゃっているのです。

そして、この三災の次には七難、七つの難が起きるとおっしゃっております。この七難については、薬師経の七難とか、仁王経の七難など、色々と説かれてありますけれども、例えば薬師経の七難の一番目には「人衆疾疫難《にんじゅしつえきなん》」があります。病によって多くの人民が病気になったり、死ぬことです。

二番目は「他国侵逼難《しんぴつ》」で、よその国から攻められるという難が必ず起こると説かれております。その原因はすべて謗法にあるとおっしゃっているわけです。だから、大聖人様は「立正安国」ということをおっしゃっておられるのです。正を立ててこそ、国を安んずることができる。この三災七難を逃れるためには、我々が折伏をして、大聖人様の仏法をしっかりと広宣流布していくことが最も大事だということであります。

そして三番目が「自界叛逆難《ほんぎゃくなん》」で、同士討ちです。そういう現象が必ず起こるとあります。

四番目が「星宿変怪難《へんげなん》」です。星宿とは星のことで、彗星《すいせい》や流星が現れたり、星の運行に異変が起きたりすることがありますが、そういう異変が起きるとおっしゃっているのです。

五番目が「日月薄蝕難《にちがつはくしょくなん》」といって、日蝕や月蝕などの天変、天の変化というものが起きてくる。しかも、その原因が、すべて我々だというのです。

依正不二の原理というのは、正報というのは我々で、国土など、我々を取り巻く環境が依報です。この依報は、我々正報によって変わるのです。我々の信心がしっかりしていれば、先程言った三災も起きないし、この七難も起きない。天変地夭《ちよう》も起きなくなると、『立正安国論』のなかで大聖人様が明確におっしゃっておられるのです。

だから、今日の様々な、日本を含めた世界の色々な悪現象の原因は何かということを、我々はよく知らなければだめなのです。それはすべて、謗法の害毒です。だから、今、我々は立ち上がって、謗法を破折しなければだめなのです。謗法に毒された人達が、たくさんいるわけです。その人達を救っていかなければだめなのであります。

次の六番目が「非時風雨難」です。これは、簡単に言うと季節はずれの暴風雨などの災害です。

七番目は「適時《ちゃくじ》不雨難」で、降らなければならない雨が降らなくなるということです。雨というのは、例えば作物が育つ時には雨が必要ですが、もし水が涸《か》れて干上がってしまうと、田んぼがだめになってしまうように、降らなければならない時に雨が降らないことを言うわけです。

つまり、こういったことを全部、我々の力の及ばない、ただ単なる自然現象だと考えてしまうのは早計に過ぎます。この天変地夭は、正報である衆生、我々自身の生命における、正しいか正しくないかの用《はたら》きによって変わるのです。

何回も言いますが、正を立てて国を安んずるという『立正安国論』の元意は、そこにあるわけです。戦争が起きるとか起きないかは、すべて人間が中心ですから、人間が正しい信仰をしていけば戦争や争いは起きないのです。そしてまた、我々を取り巻く環境も同じであるとおっしゃっているのであります。

したがって、この御書のなかに、

「飢渇発《けかちお》これば其《そ》の国餓鬼道と変じ、疫病《やくびょう》重なれば其の国地獄道となる。軍《いくさ》起これば其の国修羅道と変ず。父母・兄弟・姉妹を簡《えら》ばず、妻とし、夫と憑《たの》めば其の国畜生道となる。死して三悪道に堕つるにはあらず。現身に其の国四悪道と変ずるなり。此《これ》を謗国《ぼうこく》と申す」（同ジペー）

と仰せられております。

お帰りになったら、もう一度、この御書をよく拝読してください。いかに私達が、折伏をしなければならないかということを、こういったところからも感じ取って、しっかりと折伏に励んでもらいたいと思います。

このようにお述べになったあと、大聖人様がおられました身延での御生活の様子をお述べになられ、最後に結語として、重ねて秋元殿からの御供養に対して心からの感謝を申し述べられております。

以上の如く、この『秋元御書』は、法華経身読の範を示し、法華経行者の用心として呵責謗法、すなわち謗法を破折せよということをお述べになっているのであります。つまり、不幸や争いの根源は、すべて謗法にあるということを、我々はよく知らなければなりません。だから、謗法を破折するのであります。

少なくとも、我々、信心をしている者は、謗法の大罪に絶対に堕ちないようにしなければなりません。先程言ったように、例えば、おうちのなかでまだ信心していない人がいたならば、黙っていてはだめです。与同罪を受けるのですから、折伏しなければなりません。

「一文一句なりともかたらせ給ふべし」（同六六八ジ）

と御書にあるように、御自分でできなかったら、御住職にお願いしたり、あるいは講中の幹部の方にお願いしたりして、一緒に折伏をされればいいのです。もちろん、一遍や二遍の折伏で入信なさる方は、まず、めずらしいと思います。だから根気よく、本当に根気よく折伏をしていくという精神を忘れてはならないということです。

次に、本文に入りますと、**「種《しゅ》・熟《じゅく》・脱《だつ》の法門、法華経の肝心なり。三世十方の仏は必ず妙法蓮華経の五字を種として仏に成り給へり」**とお示しであります。「種・熟・脱の法門」というのは、仏様の御化導を下種益・熟益・脱益の三益に分けて説かれたものであります。

まず「種」とは下種益のことでありますが、下種益というのは、成仏の因となる妙法蓮華経の種を多くの人達の心田《しんでん》に植えていくことです。

次の「熟益」というのは、植えられた種子を生長させて、機根を調えることであります。

それから「脱益」というのは、熟成された果実を収穫することであり、つまり得脱して成仏の境界に至ることを言うのであります。

この種熟脱の三益について、従浅至深して大別いたしますと、迹門の三益と、本門文上の三益と、それから文底の三益に分けることができます。

初めの迹門の三益とは、法華経の化城喩品に説かれる三益のことでありまして、これは三千塵点劫《じんでんごう》における大通智勝仏の法華経の説法および十六王子による法華覆講《ふっこう》を下種として、中間《ちゅうげん》・今日《こんにち》を熟益とし、未来の得脱をもって脱益とする、という説相であります。

次の本門文上の三益とは、法華経本門寿量品に説かれる三益のことで、まず久遠五百塵点劫を下種とし、次に三千塵点劫の大通智勝仏から今日釈尊の爾前四十余年と法華経迹門までを熟益として、本門寿量品に至って得脱することを脱益とする説相であります。

三番目が文底の三益でありまして、これは法華経本門寿量品文底秘沈の下種仏法におきましては、いまだ下種を受けていない本未有善の衆生が、久遠元初の本法たる本因の妙法を下種されることによって熟脱の二益を同時に具え、直ちに得脱することを言うのであります。

釈尊の仏法における種熟脱を文底下種の仏法から見ると、日寛上人が『依義判文抄』に、

「釈尊の御化導は久遠元初に始まり、正像二千年に終わるなり」

（六巻抄一一〇ジペー）

と仰せのように、在世および正法時代、像法時代の衆生の得益は、久遠元初の下種に始まり、釈尊在世の本門を中心とした、滅後正像二千年までの間に、熟

益・脱益のすべてが終了するわけであります。

したがって、釈尊の熟脱仏法とは縁のない、末法の本未有善の我々衆生は、この熟益、脱益の仏法では利益がありません。末法御出現の下種の御本仏日蓮大聖人様によって、本因妙の仏法である南無妙法蓮華経を下種されて、初めて即身成仏することができるのであります。

この久遠元初の本法たる妙法こそ、ここに「三世十方の仏は必ず妙法蓮華経の五字を種として仏に成り給へり」と仰せのように、釈尊をはじめ三世十方の諸仏はすべて、この久遠元初本因妙の妙法五字を修行して、成仏することができたのであります。すなわち、南無妙法蓮華経こそ、一切の仏を生み出した本源の種子であり、一切の仏法の肝要なのです。まさしく今、私達は本法たる妙法を唱えているわけでありますから、信心強盛《ごうじょう》であるならば、成仏は絶対に間違いがないのです。

三世十方の諸仏を含め、すべての者は、この本因下種の妙法によって成仏をせられたわけでありますから、末代の我々も同じく、この妙法をしっかりと信心修行していけば、必ず成仏は疑いないという、強い確信を持っていただきたいと思います。

次にまいります。次が十六番目の『新池御書』であります。

16　新池御書
思《おぼ》し食《め》すべし、法華経をしれる僧を不思議の志にて一度《ひとたび》も供養しなば、悪道に行くべからず。何《いか》に況《いわ》んや、十度・二十度、乃至五年・十年・一期生《ごしょう》の間供養せる功徳をば、仏の智慧にても知りがたし。此の経の行者を一度供養する功徳は、釈迦仏を直ちに八十億劫が間、無量の宝を尽くして供養せる功徳に百千万億勝《すぐ》れたりと仏は説かせ給ひて候。
（御書一四五六ページ一五行目）

この御書は、弘安三（一二八〇）年十二月、日蓮大聖人様が御年五十九歳の時に、身延から新池左衛門尉に与えられた御書であります。

対告衆《たいごうしゅ》の新池左衛門尉は遠江国《とおとうみのくに》磐田郡新池、今の静岡県袋井市の方であります。この方は鎌倉幕府の直参《じきさん》で、日興上人の折伏によって妻の新池尼と共に、大聖人様に帰依したと言われております。そして、大聖人様からは、この御書および『新池殿御消息』を賜っております。

この御書においては、正しい仏道修行の在り方などについて御教示をされております。

初めに、法華経流布の末法に生まれたことを喜び、法華経不信の人を嘆かれております。そして、法華経を受持・読誦し、讃《ほ》めても、経の本意に背《そむ》けば悪道に堕ちることを述べられ、法華経を持《たも》つ僧に供養する功徳を説かれているわけであります。

次に、世間の無常を通して、名聞名利に執着する心を戒め、謗法の者との交わりを与同罪として戒められております。

さらに、仏の三徳を明かして、日本の諸人は仏に背く仏敵とされ、たとえ賎《いや》しい身分であっても正法護持の者を尊敬しなければならないと述べられて、信心が成仏の肝要であり、仏法僧の三宝を尊重すべきであることを勧められております。また、禅宗などの僧につきまして、彼らが慢心を重ねるのは天魔の所為であると破折されております。

最後に、これらの法門をよくよく理解して、いよいよ信心に励むように諭されているのであります。

本文に入ります。

まず**「思《おぼ》し食《め》すべし、法華経をしれる僧を不思議の志にて一度《ひとたび》も供養しなば、悪道に行くべからず」**と仰せです。

この「法華経をしれる僧」とは、法華経の行者のことであります。この法華経の行者は、総じて言えば、我々もみんな、法華経を修行するという意味におきましては法華経の行者でありますが、別して言えば、御本仏宗祖日蓮大聖人様ただお一人を指します。ですから、この「法華経をしれる僧」というのは、すなわち大聖人様のことをおっしゃっているのです。

また、この法華経の行者について、『国府尼御前御書』には、

「釈尊ほどの仏を三業《ごう》相応して一中劫が間ねんごろに供養し奉るよりも、末代悪世の世に法華経の行者を供養せん功徳はすぐれたりとと《説》かれて候」

（御書七三九㌻）

と仰せられています。さらに同抄には、

「末代の法華経の行者を供養するは、十号具足しまします如来を供養したてまつるにも其の功徳すぎたり。又濁世《じょくせ》に法華経の行者のあらんを留難《るなん》をなさん人々は頭七分《こうべしちぶん》にわ《破》るべしと云云」（同㌻）

とも仰せであります。

これは、御供養に寄せて、今、末法に在って法華経の行者を供養する功徳

は、十号を具足せる釈尊を供養する功徳よりも勝れているとおっしゃっております。また逆に、法華経の行者に対して留難、つまり様々な形をもって修行を妨げる者は「頭七分にわるべし」と、厳しくおっしゃっているのであります。

このように拝してきますると、ここでおっしゃっている「法華経の行者」とはだれかとなれば、今言った通り、総じては我々も含まれるけれども、別しては宗祖大聖人様のことだということになるわけです。

つまり、この御書では「釈尊ほどの仏を三業相応して一中劫が間」という長い長い間、ねんごろに御供養するよりも、末代の悪世に法華経の行者を供養する功徳は勝れているとおっしゃっており、さらにまた、あとの御文でも、十号を具足する仏様を供養し奉るよりも、法華経の行者を供養する功徳は勝れているとおっしゃっているのであります。

これは、釈尊を供養する功徳よりも法華経の行者を供養する功徳が勝れているというのですから、この法華経の行者とは我々のことではなく、御本仏大聖人様のことを指しているのであります。我々はみんな法華経の行者ではあるけれども、それは総じての意味であって、別しては大聖人様、ただお一人なのです。

また今、仏様の「十号」についてありましたけれども、十号というのは、仏様の十種の尊称であります。

その一番目は「如来」であります。如来というのは、一切諸法の根本の真理を体現して、三世にわたる因果律を証得した方を言うのです。元は「かくの如く立派な行いをした人」つまり、修行を完成して悟りを開いた人という意味であったようでありますが、のちになりまして、「人々を救うために、かくの如く来たりし者」すなわち、真理の世界から迷界に、衆生救済のために来られた方、という意味にもなったようであります。

二番目は「応供」であります。応供というのは応受供養と言いまして、つまり人天の御供養を受けるに値《あたい》する者という意味です。

三番目が「正遍知」で、これは一切の智を具え、諸法を遍《あまね》く正しく理解する人ということであります。

四番目の「明行足《みょうぎょうそく》」というのは、過去・現在・未来の三世に通達して、善行を修して満足する人。

五番目の「善逝《ぜんぜい》」というのは、善《よ》く逝《ゆ》くという意味でありまして、無量の智慧をもって迷いの世界をよく超え出て、悟りの彼岸に至って、再び迷いの生死海《しょうじかい》に堕ちない人。

六番目の「世間解《せけんげ》」というのは、因果の理法を悟り、世間・出世間のことをよく理解する者。

七番目の「無上士」というのは、衆生のなかで、この上なく優れている者。

八番目の「調御丈夫《じょうごじょうぶ》」というのは、一切衆生を調伏・制御して成仏させる力を具えている者。

九番目の「天人師」というのは、天と人の師匠で、あらゆる者を指導し、師となる人のことを言います。

そして最後の十番目が「仏世尊」で、そのうちの仏とは、智や徳が円満である方、世尊とは世のあらゆる人々から尊敬される福徳の人のことを言うわけであります。

これが、仏の十号であります。

このような十号のましﾏす仏様よりも、法華経の行者が勝れていると言えば、その法華経の行者とは御本仏以外にはない、ということになるのであります。

ですから、私達は大聖人様を末法の法華経の行者と仰ぎ奉り、一度でも供養する者があれば悪道に堕ちることはないとおっしゃっているわけでありますから、しっかりと信心に励むべきであります。

次に**「何《いか》に況《いわ》んや、十度・二十度、乃至五年・十年・一期生《ごしょう》の間供養せる功徳をば、仏の智慧にても知りがたし」**と仰せです。

先に、法華経の行者を一度でも供養する者は悪道に堕することはないと、その功徳の大なることを仰せられましたが、さらに続いて、まして十度、二十度、乃至、五年、十年、一生の間、ずっと供養する功徳は、仏の智慧をもってしても計り知れないほど大きいと仰せられているのであります。つまり、仏様を供養する、御本仏大聖人様を御供養する功徳は、まことにもって勝れているということをおっしゃっているわけであります。

そして**「此の経の行者を一度供養する功徳は、釈迦仏を直ちに八十億劫が間、無量の宝を尽くして供養せる功徳に百千万億勝《すぐ》れたりと仏は説かせ給ひて候」**と、これは今まで申し上げてきた通り、末法の法華経の行者たる御本仏大聖人様を、一度でも供養した者は悪道に堕ちないと仰せられているけれども、その功徳はそればかりではなく、釈尊を直ちに八十億劫の間、無量の宝をもって供養する功徳に百千万億も勝れていると、仰せられているのであります。

これは、法華経の法師品に、

「人有って仏道を求めて　一劫の中に於て　合掌し我が前に在って　無数の偈を以て讃《ほ》めん　是《こ》の讃仏《さんぶつ》に由《よ》るが故に　無量の功徳を得《え》ん　持経者を歎美《たんみ》せんは　其《そ》の福復《また》彼に過ぎん　八十億劫に於て　最妙の色声《しきしょう》及与香味触《およびこうみそく》を以て　持経者に供養せよ」（法華経三二四ﾍﾟｰｼﾞ）

という御文があります。すなわち「持経者」というのは法華経を受持する者、すなわち法華経の行者を指しまして、その法華経の行者を供養する者の功徳が、いかに大きいかを示されているのです。

何回も言いますが、ここでおっしゃっている法華経の行者とは、別しては大聖人様のことであります。したがって、『聖人知三世事』には、

「日蓮は是《これ》法華経の行者なり。不軽《ふきょう》の跡を紹継《しょうけい》するの故に。軽毀《きょうき》する人は頭《こう》七分《べ》に破《わ》れ、信ずる者は福を安明《あんみょう》に積《つ》まん」（御書七四八ﾍﾟｰｼﾞ）

と仰せられているのであります。すなわち「信ずる者は福を安明に積まん」というのは、安明とは須弥山《しゅみせん》のことで、大聖人様を信ずる者は須弥山の如く、計

り知れないほど大きな功徳を頂くことができるとおっしゃっているわけであります。

本宗の信心は、大聖人様を御本仏と仰ぎ奉るのです。この御本仏と仰ぎ奉る「讃仏」、仏様を讃歎する心を、いつまでも忘れずにいるかぎり、私達は御本尊から大きな功徳を頂くことができるということであります。このことを、どんな時にも、特に苦しい時にはしっかりと思い出して、お題目を唱えていくことが肝要であります。

次に、十七番目です。

17　新池御書

仏に成り候事は別の様《よう》は候はず、南無妙法蓮華経と他事《たじ》なく唱へ申して候へば、天然と三十二相八十種好を備《そな》ふるなり。如我等無異と申して釈尊程

の仏にやすやすと成り候なり。譬へば鳥の卵《たまご》は始めは水なり、其《そ》の水の中より誰かなすともなけれども、觜《くちばし》よ目よと厳《かざ》り出《い》で来て虚空にかけるが如し。我等も無明の卵にしてあさましき身なれども、南無妙法蓮華経の唱への母にあたゝめられまいらせて、三十二相の觜出でて八十種好の鎧《よろいげ》毛生《お》ひそろひて実相真如の虚空にかけるべし。（御書一四六〇ジペー一二行目）

初めに「仏に成り候事は別の様《よう》は候はず、南無妙法蓮華経と他事《たじ》なく唱へ申して候へば、天然と三十二相八十種好を備《そな》ふるなり。如我等無異と申して釈尊程の仏にやすやすと成り候なり」とおっしゃっております。この御文の前を拝しますと、

「此の経の信心と申すは、少しも私なく経文の如くに人の言を用ひず、法華一部に背く事無ければ仏に成り候ぞ」（御書一四六〇ジペー）

とおっしゃっているのです。つまり、信心とは、少しも私心・我見なく、経文

に、

「依法不依人（法に依って人《にん》に依らざれ）」（同一五六ジペー等）

と仰せの如く、ただ仏様の教えを信じて、人師・論師の言葉を用いず、御金言のままに信心に励み、法華経の教えに背くことがなければ、必ず成仏すると仰せになっているのであります。

これはたいへん大切なことでありまして、御本仏大聖人様の御金言をしっかりと拝し奉っていくということが最も根本だと、おっしゃっているわけであります。

したがって、南無妙法蓮華経と、全く他事に執われることなく一心に唱えていけば、自然に三十二相・八十種好を具え、また、

「如我等無異（我が如く等しくして異《こと》なること無けん）」

（法華経一一一ジペー）

とて、釈尊ほどの仏に簡単に成れるとおっしゃっているわけであります。

「三十二相」というのは、仏様が具えている三十二の優れた姿・形のことでありまして、このなかには金色相《こんじき》とか、あるいは眉間白毫相《みけんびゃくごう》などという相があります。また「八十種好」というのは、仏様あるいは菩薩の身に具わる八十種の好ましい相のことで、身体につやがあるとか、声に響きがあって奥深いとか、身体はいつも清潔であるなど、色々なことがあります。三十二相は転輪聖王、帝釈天王、大梵天王にもあるが、この八十種好は、ただ仏様と菩薩のみが有するものであります。

ただし、この三十二相・八十種好を具えると言いましても、下種仏法における成仏相は三十二相・八十種好の、いわゆる色相荘厳《しょうごん》の仏に成るのではなくして、我々の信心は即身成仏を本懐とするわけであります。ですから、我々も三十二相・八十種好という色相荘厳の仏に成る、あるいはその姿を真似るのではなくして、その身そのままに成仏する、即身に成仏するということなのであります。

つまり、即身成仏とは凡夫がその身のままで仏に成ることを言うわけです。すなわち、法華経以前の諸経では、例えば悪人は善人に変じて、あるいは女子は男子に生まれ変わって、そしてさらに歴劫《りゃっこう》修行という長期の修行によって、三十二相・八十種好を具えた仏に成ると説かれていたのであります。しかし法華経では、この歴劫修行によらずとも、妙法の功徳によって、凡夫の身そのままの姿で成仏すると説かれたわけであります。

例えば、法華経の提婆達多品第十二では、八歳の竜女の即身成仏が説かれております。つまり、竜女ですから蛇身《だしん》であります。蛇身の竜女が、その身そのままに成仏をしたことが説かれています。

したがって、南無妙法蓮華経と一心に唱え奉れば、まさに、法華経方便品に「如我等無異」とあるように、必ず即身成仏ができるとおっしゃっているのであります。これが、爾前迹門の仏法との大きな違いであります。

次に**「譬へば鳥の卵《たまご》は始めは水なり、其《そ》の水の中より誰かなすともなけれど**

も、嘴《くちばし》よ目よと厳《かざ》り出《い》で来て虚空にかけるが如し。我等も無明の卵にしてあさましき身なれども、南無妙法蓮華経の唱への母にあたゝめられまいらせて、三十二相の嘴出でて八十種好の鎧毛《よろいげ》生《お》ひそろひて実相真如の虚空にかけるべし」

と仰せでありますが、この御文は、我ら衆生が妙法の功徳によって成仏できる様を、卵から鳥になっていく譬えをもって示されているのであります。

例えば、鳥の卵は、初めは水のようなものであるが、親鳥の温める力によって自然に、いつとはなく身体が出来てきて、ついには虚空を飛ぶようになる。妙法の功徳も、このようなものだと、譬えをもって示されているのであります。

それでは、次にまいります。

18 新池御書

有解《うげ》無信とて法門をば解《さと》りて信心なき者は更に成仏すべからず。有信無解とて解《げ》はなくとも信心あるものは成仏すべし。（御書一四六一ジペー一行目）

「**有解《うげ》無信とて法門をば解《さと》りて信心なき者は更に成仏すべからず。有信無解とて解《げ》はなくとも信心あるものは成仏すべし**」とありますが、初めの「有解無信」というのは、御法門の理解はあるけれども信心がないこと、それに対して「有信無解」というのは、信心はあるけれども御法門の理解がないことです。つまり、当文《とうもん》は有解無信と有信無解を比較して、有信無解の者こそ成仏すると仰せられているのであります。

さらに、この御文のあとに、

「皆此《こ》の経の意なり、私の言《ことば》にはあらず。されば二の巻には『信を以て入《い》ることを得《う》、己《おの》が智分に非《あら》ず』とて、智慧第一の舎利弗も但《ただ》此の経を受け持《たも》ち信心強盛《ごうじょう》にして仏になれり。己が智慧にて仏にならずと説き給へり。

舎利弗だにも智慧にては仏にならず。況《いわ》んや我等衆生少分の法門を心得たりとも、信心なくば仏にならんことおぼつかなし」（御書一四六一ジペー）

とおっしゃっているのであります。

すなわち、法華経譬喩品第三には、

「汝《なんじ》舎利弗　尚《なお》此の経に於ては　信を以て入ることを得たり　況んや余の声聞をや　其の余の声聞も　仏語を信ずるが故に　此の経に随順す　己が智分に非ず」（法華経一七四ジペー）

と説かれて「以信得入」ということをお示しであり、このことを言っているわけです。つまり、智慧第一と言われた舎利弗でさえ、己れの智慧によって成仏したのではない。法華経を受持し、その信心をもって成仏することができたのだ、と言われているのであります。

まさしく、この言は仏教の原点とも言うべきもので、信心をおろそかにしたのでは成仏は絶対におぼつかないということを明言されているのであります。

このほか、成仏得道のためには、信心が最も肝要であることについて、例えば『法華題目抄』には、

「夫《それ》仏道に入《い》る根本は信をもて本《もと》とす。五十二位の中には十信を本とす。十信の位には信心初めなり。たとひさとり《悟》なけれども、信心あらん者は鈍根も正見《しょうけん》の者なり。たとひさとりあれども、信心なき者は誹謗闡提《ひぼうせんだい》の者なり」（御書三五三ページ）

と説かれております。まさに、先程の御文とこの御文を合わせて拝していけば、いかに信ずるということが大事であるかが解ると思います。

そもそも宗教から、仏教から、信ずるということを取ってしまえば、それはもう既に、宗教でもなければ、仏教でもなく、ただ単なる理論に過ぎません。ただ単なる理論では、絶対に成仏をしない、ということであります。そんな理論では、自分も救えないし、他の人をも救うことができないのです。

ですから、仏教というのは、信心がすべての根本なのです。そこに、大聖人

様は、今、有解無信と有信無解の二つを示されて、どちらを採るべきか。やはり、私達は信心を採るべきであるということなのです。

幼稚園児の子供が御法門のことは解らなくとも、お父さん、お母さんと一緒に勤行をし、無心にお題目を唱えていく。健気《けなげ》に信心に励み、一生懸命に勤行をする。そこに本当の信心の姿があるのです。だから、なまじ、いい加減な知恵で法門をわずかに知って、偉そうに言うのはだめなのです。

こういう姿は、現にたくさんあります。日蓮正宗から離れていった創価学会がそうです。あるいは大謗法を犯した正信会の連中もそうです。みんな、宗門から離れていった連中は、信心がないのです。信心がないから、おかしくなってしまうのです。何を根本とすべきか。本宗においては、まさしく本門戒壇の大御本尊を根本尊崇としていくところに、一番大事なものが存しているわけですから、これを忘れてしまって、偉そうなことを言ってもだめだということになるわけであります。

例えば、この御文のなかに「五十二位」が説かれていますが、五十二位の初めに「十信」が説かれています。この十信の一番初めには何が説かれているのかと言いますと、「信心」が説かれているのです。

「五十二位」とは、十信・十住・十行・十回向・十地の五十位と、等覚・妙覚の二つを加えて五十二位と言うわけです。これは大乗の菩薩の修行の階位を五十二に分けたものでありますけれども、その一番最初の十信のなかの、そのまた一番最初は信心なのです。

ですから、五十二位の段階の、一番のスタート、起点は信心だということで、仏教にとって、いかに信心が大切であるかということを、ここでおっしゃっているのであります。

いかに信心が大事であるかということを『一念三千法門』には、

「凡《およ》そ此の経は悪人・女人・二乗・闡提《せんだい》を簡《えら》ばず。故に皆《かい》成仏道とも云ひ、又平等大慧《だいえ》とも云ふ。善悪不二・邪正一如と聞く処にやがて内証成仏す。故に即身成仏と申し、一生に証得するが故に一生妙覚と云ふ。義を知らざる人なれども唱ふれば唯《ただ》仏と仏と悦び給ふ」（同一一〇㌻）

と仰せであります。

つまり、悪人であろうが、女人であろうが、一闡提人であっても、南無妙法蓮華経の意味がどういうことであるかを知らなくても、ただ一心に南無妙法蓮華経と唱えていけば、必ず成仏をするということです。

また『三世諸仏総勘文教相廃立』には、

「名字即《みょうじ》の位にて即身成仏する故に円頓《えんどん》の教には次位《じい》の次第無し」

（同一四一七㌻）

と仰せられております。「名字即」というのは、皆さん方も御存じのように、六即の二番目で、初めて正法の名を聞くということです。

この六即というのは天台大師が立てた御法門でありまして、我々凡夫が悟りに至るまでには、理即・名字即・観行即・相似即・分真即・究竟《くきょう》即という六つの段階を経ていくというのであります。

「円頓の教」すなわち、円満にして偏《かたよ》らず、一切衆生を速やかに成仏させるところの教えである法華経、つまり今時《こんじ》末法の三大秘法の仏法においては、南無妙法蓮華経の名字を聞いて有り難いと感じる、この信心を起こすことが出発点でありまして、この名字即の位から即身成仏することができるとおっしゃっているのであります。

六即の最初は「理即」と言いまして、みんなに仏性があるということです。しかし、その仏性があるというだけでは、成仏はしないのです。妙法蓮華経の名字を聞く名字即の位に入って初めて、即身成仏するのです。だから、どんな人でも、みんな平等に、理即で説かれるように仏性はあるのです。理屈においてはみんな仏性を持っているけれども、その仏性が仏性としての用《はたら》きをしないかぎり、その人は救われないのです。

つまり、妙法蓮華経の名字を聞くことが大事なのであり、下種をするということが、いかに大事かということです。相手が耳をふさごうが、怒ろうが、何をしようが、妙法蓮華経の名字をまず下種する、この御本尊のすばらしさを説いていくことが大事なのです。

もちろん、色々な形がありますが、どこかの駅前に立って、ガンガン、スピーカーで怒鳴っていれば、それで下種したと思うのは、少し違うでしょう。しかし、謗法の者達にも、理の上ではみんな仏性があるわけだから、あとは私達が下種をすることが一番大切だと、私達はよく知らなければなりません。

今日、色々な形で折伏が行われております。私がつくづく思うのは、色々なやり方が、支部などによってあると思いますけれども、どんな方法でもいいから、まず試してごらんなさい。例えば、門前折伏とか、あるいは街頭折伏とか、あるいは訪問折伏とか、色々なことをやっていますよね。まずは、色々な形をやってみてください。そのなかから何がいいか、どういう方法が一番いいか、だんだん判ってきますよ。なにしろ、多くの人達にしっかりと下種することが一番大事であります。そこから、また色々な折伏の形が生まれてくると思います。

『御義口伝』には、

「此の本法を受持するは信の一字なり。元品《がんぽん》の無明を対治する利剣は信の一字なり。無疑曰《わっしん》信の釈之《これ》を思ふべし」（同一七六四㌻）

と仰せであります。

先程も申し上げましたけれども、譬喩品には「汝舎《なんじ》利弗　尚《なお》此の経に於ては信を以て入ることを得たり」と説かれております。つまり「信」ということが極めて大事でありまして、この信ずるということの根本は、まず下種なのです。大聖人様の仏法、妙法蓮華経の名字を教えることなのです。教えなければ、信じません。

ですから、折伏というのは、どんな形にしても、この大聖人様の仏法が一番すばらしい、この大聖人様の仏法によって必ず救われる、不幸が幸せに転じていく、苦しみが楽に転じていく、転迷開悟していくということをまず説くこと、すなわち下種することなのです。このことを、折伏のまず一番最初に心得ていかなければならないと思います。

まさに今日の混沌とした世界を救うためには、我々の折伏以外にありません。このことを、特に本日ここに集まった青年部の方々は、しっかりと心肝に染めてもらいたいと思います。

なお、申し上げますと、来年の三月八日には、いよいよ日興上人御生誕七百七十年の佳節をお迎えいたします。

来年の三月八日まで、あと二百三十余日です。今日、来ている人達が、この残り二百三十日を、真剣に折伏してごらんなさい。誓願は、必ず達成できます。二百三十日もあるのです。

本当にその自覚を持って、折伏の仕方は色々あるでしょうが、一人ひとりが立ち上がってごらんなさい。まず、あなた方が変わります。仏様の子として、仏子の用きをしていくなかに、必ずあなた方が変わる。青年部のあなた方が変われば、講中が変わります。法華講が変わります。講中が変われば、まず地域が変わるでしょう。それが拡大していけば、必ず、日本が変わります。

誓願達成まであと二百三十日もあるのです。今日、お帰りになったら、全員が御本尊様にお誓いして、立ち上がってください。

そしてまた、あなた方が立ち上がると同時に、同志を作っていきなさい。お一人で折伏に行くのではなくして、だれか一人を連れて、御一緒して行きなさい。その人がまた広布の戦士になって、また次の人を連れて折伏に行く。そしてまた、次の人が同じように同志を連れて折伏に行く。そういう輪が広がっていってごらんなさい。誓願は必ず達成できます。

題目をしっかり唱えて、あらゆる魔を打ち払って、是非、立ち上がって、必ずすべての支部が誓願を達成していただきたいと思います。

そして、来年の三月、皆さん方がお山に来る時は、本当に胸を張って、御戒壇様にお目通りできるようにしましょう。下を向いて御挨拶をするのではなくて、堂々と胸を張って、大聖人様の御前において、御本尊様の御前において、「我れ、かく戦えり」「広宣流布の戦いを見事、完遂しました」と、誉れある御報告をしていただきたい。その原動力になるのは、若い力を持った、あなた方なのです。

是非、今日からさらに心を新たにして、広布のための戦いをしていっていただきたいことを心からお祈りいたしまして、本日の講義を終了いたします。

御法主日如上人猊下御講義集
平成二十六年度　第十一回法華講夏期講習会

信《しん》行《ぎょう》要《よう》文《もん》六

平成二十七年五月十六日　初版発行

編集　日蓮正宗宗務院
発行　株式会社　大日蓮出版
印刷　株式会社　きうちいんさつ

ISBN978-4-905522-37-9